KINDERTRÄUME

NÄHEN FÜR BABYS & KLEINKINDER

VON GRÖSSE 56–98

CV

LIEBE LESERINNEN UND LESER,

selbstgenähte Kinderkleidung ist einfach am schönsten, weil Sie sie ganz individuell nach Ihrem Geschmack und den Bedürfnissen Ihrer Kleinsten gestalten können!
In diesem Buch haben wir eine große Auswahl an Kleidung für Babys und Kleinkinder wie Jäckchen, Mützchen, Kleidchen, Hosen und vieles mehr zusammengestellt. Außerdem zeigen wir, wie Sie das Kinderzimmer mit niedlichen Stickbildern und Mobiles gestalten und erstes Spielzeug für die ganz Kleinen selber nähen können. Die etwas größeren Kinder werden große Freude an den farbenfrohen Accessoires wie dem kuscheligen Badeteppich, dem bunten Duschvorhang oder dem gemütlichen Fuchskissen haben. Praktische Ordnungshelfer wie der Schnullerbeutel oder die geräumige Wickeltasche bekommen hier ein wunderschönes Design, sodass sie im Alltag zu unentbehrlichen Lieblingsstücken aller Eltern werden.
Damit Ihnen das Nacharbeiten leicht von der Hand geht, haben wir die Anleitungen ausführlich beschrieben und spezielle Nähtechniken in einem eigenen Kapitel erklärt. Die Vorlagen und Schnittmuster finden Sie auf den praktischen, herausnehmbaren Bögen in Originalgröße.

Nun wünschen wir Ihnen viel Spaß beim Nähen und anschließend viel Freude mit Ihren individuellen Kindersachen!

IHRE AUTORINNEN

INHALT

NÄHTIPPS

APPLIKATIONEN VORBEREITEN

Die Applikationsvorlagen sind spiegelbildlich abgebildet.

Die Vorlagen in benötigter Anzahl auf Vliesofix übertragen und grob ausschneiden. Auf die Rückseite der entsprechenden Stoffe bügeln und exakt ausschneiden. An Applikationskanten, die an einer Schnittmusterkante enden, beim Zuschneiden eine Nahtzugabe zugeben. Das Trägerpapier entfernen und die Applikation aufbügeln.

APPLIZIEREN ODER STICKEN

Stickvlies etwas größer als die Applikation bzw. Stickerei zuschneiden und unter den Stoff legen.

Mit dichtem Zickzackstich entlang der Kontur sticken. Nach dem Applizieren bzw. Sticken das Stickvlies ausreißen.

Freihand: Den Transporteur der Nähmaschine versenken und den Stopffuß einsetzen. Mehrfach mit einfachem Geradstich entlang der Kontur sticken (beim Applizieren ca. 2 mm innerhalb der Kontur nähen). Dabei wird der Stoff von Hand unter dem Füßchen bewegt.

TRÄGER, BÄNDER, SCHLAUFEN

Die entsprechenden Stoffstreifen längs links auf links zur Hälfte bügeln, aufklappen und beide Längskanten nochmals bis zur Mitte einschlagen (Schemazeichnung 1). Alle 4 Lagen zusammenfalten und bügeln. Den Streifen an der offenen Längskante knappkantig absteppen (Schemazeichnung 2).

1

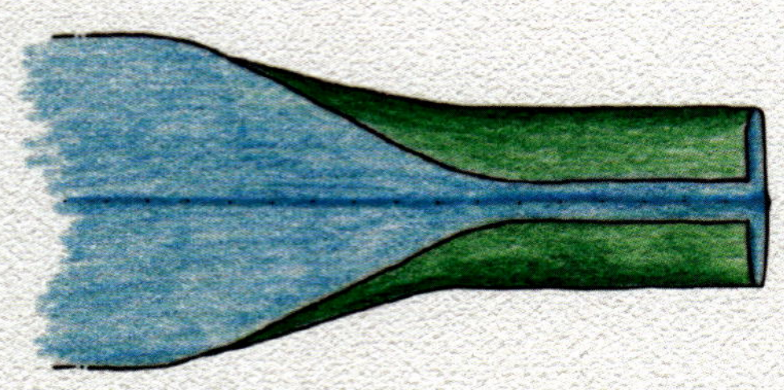

2

SCHRÄGSTREIFEN ANEINANDERNÄHEN

Die Enden von 2 Schrägstreifen im 90°-Winkel rechts auf rechts aufeinanderlegen und zusammennähen (Schemazeichnung). Die Nahtzugabe zurückschneiden und auseinanderbügeln.

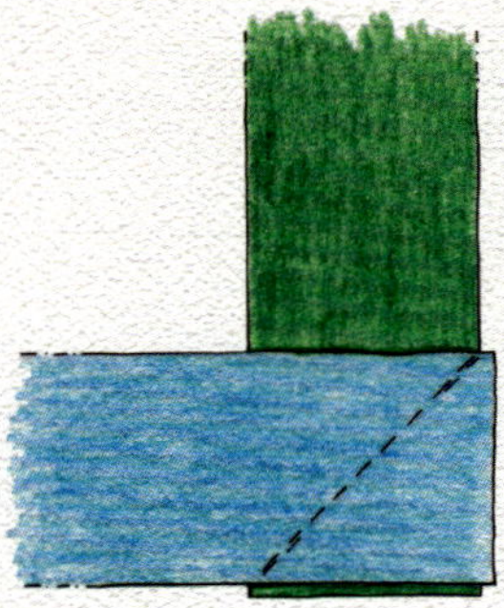

STOFFKANTEN EINFASSEN

VARIANTE 1: Den Einfassstreifen längs links auf links zur Hälfte bügeln. Die offene Kante bündig rechts auf rechts an die Stoffkante stecken und in Nahtzugabenbreite annähen (Schemazeichnung 1). Den Streifen um die Kante herum nach hinten klappen und von Hand annähen oder von rechts feststeppen (Schemazeichnung 2).

1

2

VARIANTE 2: Den Einfassstreifen bügeln wie unter „Träger, Bänder und Schlaufen" beschrieben. Eine Seite wieder aufklappen und die Kante rechts auf rechts an die Stoffkante stecken. In dem Falz annähen. Um die Stoffkante herumklappen, dabei bleibt die andere Seite eingeschlagen. Auf der Rückseite von Hand annähen oder von rechts feststeppen.

VERSTÜRZEN

Zwei Stofflagen rechts auf rechts aufeinanderlegen und füßchenbreit zusammennähen, dabei ein Stück der Naht zum Wenden offen lassen. Nahtanfang und -ende sichern. Nahtzugaben (außer an der Wendeöffnung) zurückschneiden, sodass 2 mm (bei kleinen Teilen) bis 5 mm (bei großen Teilen) stehen bleiben. An Außenecken die Spitzen flach abschneiden, Innenecken und -rundungen mehrfach bis kurz vor die Naht einschneiden. Bei Außenrundungen kleine Keile bis kurz vor die Naht herausschneiden (Schemazeichnung). Teil wenden und Nähte und Ecken sorgfältig herausarbeiten. Die Wendeöffnung von Hand schließen.

... MIT VOLUMENVLIES: Das Volumenvlies vor dem Zusammennähen unter beide Stofflagen legen und feststecken. Nach dem Nähen das Volumenvlies bis kurz vor die Naht zurückschneiden.

... MIT FÜLLWATTE: Vor dem Schließen der Wendeöffnung mit Füllwatte stopfen.

KRÄUSELN

Die Oberfadenspannung lockern und eine große Stichlänge einstellen. Entlang der angegebenen Strecke zweimal parallel im Abstand von 5 mm steppen ohne zu verriegeln. Die beiden Stepplinien liegen rechts und links von der späteren Naht. Die beiden Unterfäden vorsichtig auf die gewünschte Weite stramm ziehen und die Kräuselfalten gleichmäßig verteilen. Der noch sichtbare Kräuselfaden kann nach der Fertigstellung wieder entfernt werden.

REISSVERSCHLUSS ZWISCHEN OBERSTOFF UND FUTTER NÄHEN

Je einen Oberstoff- und einen Futterzuschnitt rechts auf rechts legen. Den Reißverschluss kantenbündig dazwischenschieben, sodass die Oberseite zum Oberstoff zeigt (Schemazeichnung 1). Mithilfe des entsprechenden Nähfußes die Stofflagen zusammennähen, dabei den Reißverschluss mitfassen. Die Stoffe umbügeln, sodass sie links auf links aufeinanderliegen und neben dem Reißverschluss absteppen (Schemazeichnung 2). Die zweite Seite ebenso arbeiten.

1

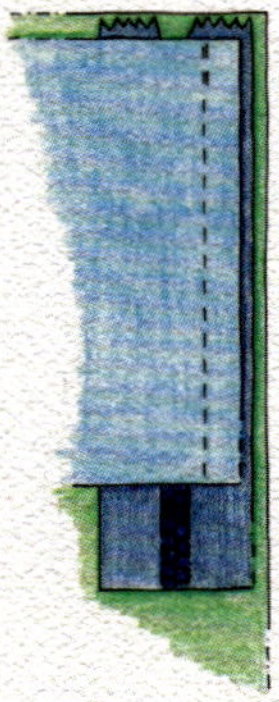

2

TASCHE MIT REISSVERSCHLUSS

Den Taschenbeutel rechts auf rechts auf den Stoff legen, sodass die Markierungen aufeinanderliegen (Schemazeichnung 1). Entlang der Markierung die Stoffe zusammennähen. Den Stoff durch alle Lagen einschneiden (Schemazeichnung 2). Den Taschenbeutel durch den Schlitz nach hinten ziehen. Den Reißverschluss unter die Öffnung legen und festnähen (Schemazeichnung 3). Den 2. Taschenbeutelzuschnitt rechts auf rechts auf den ersten legen und rundherum zusammennähen. Stoffkanten versäubern.

1

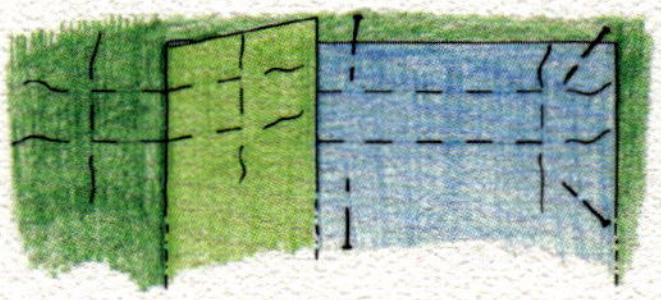

2

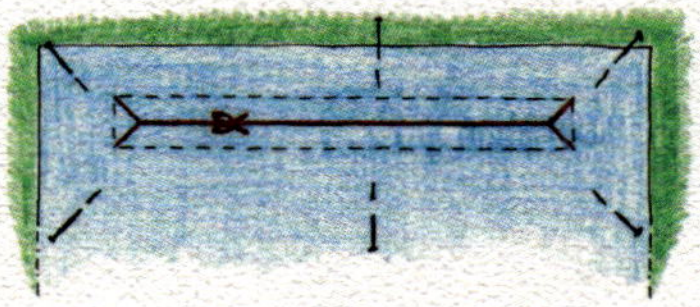

3

HERZIGE HASENPARADE

WENDE-JÄCKCHEN

GRÖSSE 56/62/68

MATERIAL

- 0,60 m Nickistoff in Pink
- 0,60 m Stoff in Beige mit Herzdruck
- 0,10 m Stoff in Türkis mit Hasendruck
- 0,10 m Jersey in Blau gestreift
- Rest Vliesofix
- 0,30 m Vlieseline H 200
- 0,10 m Stickvlies zum Ausreißen
- Maschinenstickgarn (Rayon 40)
- Nähgarn (Allesnäher)
- 0,15 m Ripsband in Türkis mit Herzdruck
- 0,35 m Ripsband in Rosa gepunktet
- 0,70 m Kordel in Türkis
- 4 herzförmige Kam Snaps in Pink

ZUSCHNITT

Schnittteile 1a–g auf Bogen A, schwarze Linien

Wenn nicht anders angegeben, ist die Nahtzugabe (1 cm) in den Schnittmaßen enthalten. Die Schnittmuster enthalten keine Nahtzugaben.

Nickistoff in Pink

- 2-mal gegengleich Schnittteil 1a Vorderteil
- 1-mal Schnittteil 1a Rückenteil im Stoffbruch
- 2-mal gegengleich Schnittteil 1b Ärmel
- 2-mal gegengleich Schnittteil 1c Kapuze
- 1-mal Schnittteil 1d Mittelstreifen Kapuze im Stoffbruch
- 2-mal gegengleich Schnittteil 1e Ärmelaufschlag (Futter)
- 2-mal gegengleich Schnittteil 1f Ohr vorne
- 2-mal gegengleich Schnittteil 1g Ohr hinten

Stoff in Beige mit Herzdruck

- 2-mal gegengleich Schnittteil 1a Vorderteil (Futter)
- 1-mal Schnittteil 1a Rückenteil im Stoffbruch (Futter)
- 2-mal gegengleich Schnittteil 1b Ärmel (Futter)
- 2-mal gegengleich Schnittteil 1c Kapuze (Futter)
- 1-mal Schnittteil 1d Mittelstreifen Kapuze im Stoffbruch (Futter)

Stoff in Türkis mit Hasendruck

- 2-mal gegengleich Schnittteil 1e Ärmelaufschlag
- 4-mal Schnittteil 1a Klappe

Jersey in Blau gestreift

- 1-mal 6 x 49 cm (Tunnel)

Vlieseline H 200

- 2-mal 5 x 30 cm (Vorderteilverstärkung)
- 2-mal Schnittteil 1a Klappe
- 2-mal Schnittteil 1e Ärmelaufschlag

Ripsband in Türkis mit Herzen

- 3 Abschnitte à 5 cm

VORBEREITEN Die Einlage auf die entsprechenden Stoffzuschnitte bügeln, die Vorderteilverstärkung liegt an der vorderen Kante.

APPLIZIEREN Die Innenohren als Applikation vorbereiten. Auf die vorderen Ohrzuschnitte bügeln und rundherum Freihand applizieren (s. Nähtipps).

NÄHEN Je einen Zuschnitt für vorderes und hinteres OHR verstürzen, dabei die untere Kante offen lassen (s. Nähtipps). Die Ohren zeichengemäß an den Mittelstreifen der Kapuze stecken. Den Abnäher schließen und den Mittelstreifen an die Kapuzen-Zuschnitte nähen.
Die FUTTERKAPUZE ebenso nähen. Am Tunnel die kurzen Seiten 1 cm nach links umbügeln und mit Zickzackstich festnähen. Den Tunnel längs links auf links zur Hälfte falten (3 x 49 cm). Den Tunnel an die vordere Kapuzenkante stecken. Kapuze und Futter rechts auf rechts aufeinanderlegen und entlang der vorderen Kante zusammennähen, dabei den Tunnel mitfassen.
Für den ÄRMELAUFSCHLAG je einen Zuschnitt mit Futter verstürzen, dabei die gerade Kante offen lassen.
Je 2 Zuschnitte für eine TASCHENKLAPPE rechts auf rechts legen und einen zur Hälfte gefalteten Ripsband-Abschnitt dazwischenschieben. Die Klappen verstürzen, dabei die gerade Kante offen lassen. Diese nach dem Wenden versäubern. Zeichengemäß auf die Vorderteile stecken und knapp aufsteppen. Die Klappe nach vorn legen und von rechts 7 mm absteppen.

FERTIGSTELLEN Das Webband mit Punkten von rechts 5 mm von der vorderen Kante entfernt auf die vordere Mitte des rechten Vorderteils knappkantig aufsteppen.
Die Seiten- und Ärmelnähte schließen. Die Ärmel einsetzen. Das Futter ebenso nähen.
Den 3. Ripsband-Abschnitt zur Hälfte gefaltet in der hinteren Mitte an den Halsausschnitt stecken. Die Kapuze an den Halsausschnitt heften, dabei das Ripsband mitfassen. Die Ärmelaufschläge links auf rechts an die Ärmel stecken, dabei treffen die Markierungen A aufeinander und die Enden liegen übereinander. Jacke und Futter verstürzen, dabei an der Saumkante die Wendeöffnung lassen. Die Kanten bügeln und die Jacke rundherum 7 mm breit absteppen. Die Kam Snaps an den Markierungen nach Anleitung auf der vorderen Mitte anbringen. Die Kordel in den Tunnel ziehen und die Enden mit einem Knoten sichern.

GEMÜTLICHER PUCKSACK

GRÖSSE 62

MATERIAL

- 0,50 m Stoff in Beige mit Hasendruck
- 0,50 m Stoff in Beige mit Herzdruck
- 0,20 m Bündchenware in Pink
- 0,50 m Volumenvlies H 640

ZUSCHNITT

Schnittteil 2 auf Bogen A,
rote Linien

Wenn nicht anders angegeben, ist die Nahtzugabe (1 cm) in den Schnittmaßen enthalten. Das Schnittmuster enthält keine Nahtzugaben.

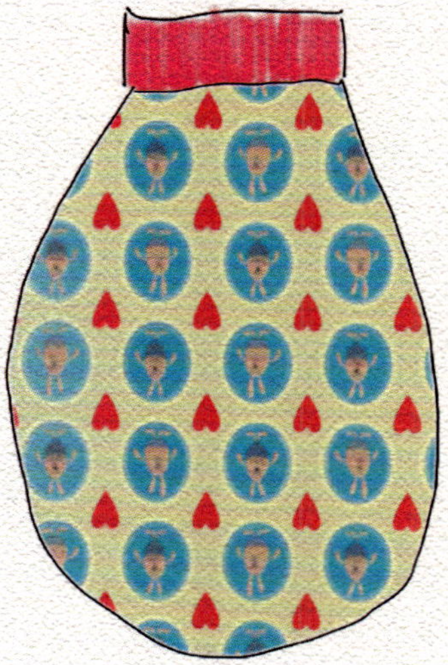

Stoff in Beige mit Hasendruck

- 2-mal Schnittteil 2 Pucksack im Stoffbruch

Stoff in Beige mit Herzdruck

- 2-mal Schnittteil 2 Pucksack im Stoffbruch (Futter)

Bündchenware in Pink

- 1-mal 20 x 48 cm (Bündchen)

Volumenvlies H 640

- 2-mal Schnittteil 2 Pucksack im Stoffbruch, ohne Nahtzugabe (Einlage)

VORBEREITEN Die Einlage auf die linke Seite der Pucksack-Zuschnitte bügeln.

NÄHEN Das Bündchen rechts auf rechts zur Hälfte falten (20 x 24 cm) und an der kurzen Kante nähen. Die Pucksack-Zuschnitte entlang der gerundeten Kante verstürzen. Das Futter ebenso nähen, dabei ein Stück der Naht zum Wenden offen lassen. Das Futter rechts auf rechts in den Pucksack stecken, sodass die Nähte aufeinanderliegen. Das Bündchen längs links auf links zur Hälfte falten (10 x 46 cm) und mit den offenen Kanten nach oben zwischen Pucksack und Futter schieben. Rundherum zusammennähen und wenden. Wendeöffnung schließen.

LUSTIGE RASSEL

GRÖSSE 10 x 25 cm

MATERIAL

- 0,15 m Stoff in Beige mit Herzdruck
- 0,20 m Nickistoff in Gelb
- 0,10 m Stoff in Rosa-Weiß gepunktet
- Reste von Stoff in Rosa (5 x 5 cm), Beige mit Hasendruck (8 x 12 cm) und Nickistoff in Pink (5 x 6 cm)
- 0,10 m Vlieseline H 250
- Rest Vliesofix (5 x 11 cm)
- 0,10 m Stickvlies zum Aufbügeln
- Maschinenstickgarn in Schwarz und Pink
- Nähgarn (Allesnäher)
- 0,25 m Ripsband in Blau gepunktet
- jeweils 10 cm Ripsband in Grün gepunktet, Rosa gepunktet, Mint mit Herzen und Pink mit Sternen
- 2 Augenapplikationen
- 1 Kam Snap in Rosa
- 1 herzförmiger Kam Snap in Rosa
- 1 Rasselscheibe 39 mm
- synthetische Füllwatte
- Trickmarker

ZUSCHNITT

Vorlagen 3a–e auf Bogen A, schwarze Linien

Wenn nicht anders angegeben, ist die Nahtzugabe (1 cm) in den Schnittmaßen enthalten. Die Vorlagen enthalten keine Nahtzugaben.
Die Vorlage für den Körper zuerst an der Trennlinie auseinanderschneiden.

<u>Stoff in Beige mit Herzdruck</u>

- 2-mal Vorlage 3a Ring

<u>Nickistoff in Gelb</u>

- 2-mal Vorlage 3b Körper oben im Stoffbruch (Vorder- und Rückseite)
- 1-mal Vorlage 3b Körper unten im Stoffbruch (Rückseite)
- 4-mal Vorlage 3c Arm, davon 2-mal gegengleich
- 4-mal Vorlage 3d Bein, davon 2-mal gegengleich
- 4-mal Vorlage 3e Ohr (2 Vorder- und 2 Rückseiten)

<u>Stoff in Rosa-Weiß gepunktet</u>

- 1-mal 6 x 14 cm (Aufhänger)

<u>Stoffrest in Beige mit Hasendruck</u>

- 1-mal Vorlage 3b Körper unten im Stoffbruch (Vorderseite)

<u>Vlieseline H 250</u>

- 1-mal 4 x 12 cm (Einlage Aufhänger)

VORBEREITEN Die Ring-Zuschnitte an der Schnittlinie aufschneiden. Die Einlage mittig auf den Aufhänger bügeln.

APPLIZIEREN UND STICKEN Innenohren, Nase und Wangen als Applikationen vorbereiten. Die Innenohren auf die Ohr-Vorderseiten, Nase und Wangen auf die obere Körper-Vorderseite bügeln und applizieren. Die Augenapplikationen positionieren und Freihand applizieren. Mund und Schnurrhaare mit Trickmarker anzeichnen und Freihand sticken (s. Nähtipps).

NÄHEN Für den **RING** von jedem Ripsband einen 10 cm-Abschnitt zur Hälfte legen und innerhalb der Markierung mit den offenen Kanten nach außen an einen Ringzuschnitt heften. Den Aufhänger längs rechts auf rechts zur Hälfte legen (3 x 14 cm). Entlang der langen und einer kurze Seite steppen. Wenden, die Kanten flach bügeln und entlang der geschlossenen Kanten knappkantig absteppen. Den Aufhänger zeichengemäß auf den Ring heften. Die Ringzuschnitte entlang der inneren und äußeren Kreislinie verstürzen (s. Nähtipps), dabei Ripsbänder und Aufhänger nur an der angehefteten Kante mitfassen. Den Ring mit Füllwatte stopfen. An den Enden die Nahtzugabe einschlagen und mit dem Matratzen-Stich zusammennähen.

Für den **HASEN** je 2 Ohren-, Arm-, und Beinzuschnitte miteinander verstürzen, dabei jeweils die gerade kurze Kante geöffnet lassen. Für die Vorderseite oberes und unteres Körperteil an der geraden Kante rechts auf rechts nähen. Die Rückseite ebenso nähen, dabei ein Stück der Naht zum Wenden offen lassen. Den Rest Ripsband in Blau gepunktet sowie Arme, Beine und Ohren zeichengemäß auf die Vorderseite stecken. Vorder- und Rückseite verstürzen und mit Füllwatte ausstopfen. Die Rassel hineinlegen, sodass sie von Füllwatte umschlossen ist und die Wendeöffnung schließen. Das Ende des Ripsbands 2-mal 2 cm einklappen und knapp festnähen. Die Kam Snaps an Ripsband und Aufhänger anbringen. Für die Positionierung Kam-Snap-Unterteil am Ende anbringen, Ripsband um den Ring, Aufhänger um die Aufhängung legen und die Position des jeweiligen Kam-Snap-Oberteils anzeichnen. Kam-Snap-Oberteile anbringen.

HERZIGE PUMPHOSE

GRÖSSE 56/62/68

MATERIAL

- 0,35m Stoff in Beige mit Hasendruck
- 0,15 m Stoff in Beige mit Herzdruck
- 0,15 m Jersey in Blau gestreift
- Rest Nickistoff in Pink (7 x 30 cm)
- Nähgarn (Allesnäher)
- 0,10 m Ripsband in Türkis mit Herzdruck
- 0,60 m Kordel in Türkis
- 0,45 m Gummiband (1,8 cm breit)

ZUSCHNITT

Schnittteile 4a–c und Schemazeichnung 4d auf Bogen A, rote Linien

Wenn nicht anders angegeben, ist die Nahtzugabe (1 cm) in den Schnittmaßen enthalten. Die Schnittmuster enthalten keine Nahtzugaben.

Stoff in Beige mit Hasendruck

- 2-mal gegengleich Schnittteil 4a Vorderhose
- 2-mal gegengleich Schnittteil 4b Hinterhose

Stoff in Beige mit Herzdruck

- 2-mal Schnittteil 4c Tasche im Stoffbruch

Jersey in Blau gestreift

- 2-mal 10 x 20 / 20,5 / 21 cm (Fußbündchen)
- 1-mal 7 x 49 / 50 / 51 cm (Bund) Schemazeichnung 4d

Nickistoff in Pink

- 2-mal 6 x 13,5 cm (Taschenblende)

NÄHEN Soweit nicht anders beschrieben, die Nahtzugaben nach dem Schließen der Nähte zusammen versäubern.

Für die **TASCHEN** das Ripsband in 2 Abschnitte unterteilen und jeweils zu Hälfte gelegt mittig auf eine Taschenoberkante stecken. Die Taschenblende rechts auf rechts an die Taschenoberkante nähen, dabei das Webband mitfassen. Die Blende nach oben klappen und längs rechts auf rechts zur Hälfte falten (3 x 13,5 cm). Entlang der kurzen Kanten zusammennähen und wenden. Dabei klappt die Nahtzugabe der Tasche nach links. Diese weiter im Verlauf 1 cm nach links umbügeln und neben der Ansatznaht mit einem genähten Zickzackstich absteppen.

Für die HOSENBEINE je einen Vorder- und Hinterhosen-Zuschnitt rechts auf rechts aufeinanderlegen und die äußere Beinnaht schließen. Die Hosenbeine aufklappen und die Tasche an der Markierung knappkantig aufsteppen. Die innere Beinnaht schließen. Die Hosenbeine rechts auf rechts ineinanderstecken und die Schrittnaht schließen. Die FUSSBÜNDCHEN jeweils rechts auf rechts zur Hälfte falten (10 x 10 / 10,25 / 10,5) und zum Kreis schließen. Längs links auf links zur Hälfte falten (5 x 18 / 18,5 / 19) und die Bündchenkanten zusammengefasst gedehnt an die Hose nähen, dabei die Weite gleichmäßig verteilen. Die Knopflöcher im BUND nähen (Schemazeichnung), dafür einen Rest Einlage unterbügeln. Den Bund wie die Fußbündchen annähen, dabei ein Stück der Naht offen lassen. Das Gummiband einziehen, die Hose anprobieren und das Gummiband in benötigter Länge zum Kreis schließen. Die restliche Bundnaht nähen. Die Kordel durch den Bund ziehen und die Enden mit einem Knoten sichern.

SÜSSER HAARSCHMUCK

GRÖSSE 62

MATERIAL
- 0,10 m Stoff in Rosa-Weiß gepunktet
- 0,10 m Stoff in Blau-Weiß gepunktet
- Nickistoffreste in Pink (10 x 20 cm) und Weiß (5 x 6 cm)
- 0,10 m Volumenvlies H 630
- Rest Vliesofix (5 x 6 cm),
- 0,10 m Stickvlies zum Ausreißen
- Maschinenstickgarn (Rayon 40)
- Nähgarn (Allesnäher)
- 0,15 m Gummiband mit Rüschen in Pink

ZUSCHNITT

Vorlage 5 auf Bogen A, schwarze Linien

Wenn nicht anders angegeben, ist die Nahtzugabe (1 cm) in den Schnittmaßen enthalten. Die Vorlage enthält keine Nahtzugaben.

Stoff in Rosa-Weiß gepunktet
- 2-mal 5 x 31 cm (Haarband)

Stoff in Blau-Weiß gepunktet
- 1-mal 3 x 5 cm (Schleifenband)
- 1-mal 7 x 15 cm (Schleife)

Nickistoffrest in Pink
- 4-mal Vorlage 5 Ohr (2 Vorder- und 2 Rückseiten)

Volumenvlies H 630
- 1-mal 3 x 29 cm (Einlage Haarband)

APPLIZIEREN Die Innenohren als Applikation vorbereiten, auf die Ohrvorderseiten bügeln und applizieren (s. Nähtipps).

NÄHEN Für die OHREN je eine Vorder- und Rückseite miteinander verstürzen (s. Nähtipps), die gerade Kante zum Wenden offen lassen. Die Einlage auf einen Haarband-Zuschnitt bügeln. Die Nahtzugabe beider Zuschnitte nach links bügeln und diese links auf links aufeinanderstecken. Die Ohren 8 cm von einer kurzen Kante aus gemessen von oben, die Gummiband-Enden an den kurzen Seiten zwischen die Lagen stecken, das Haarband knappkantig zusammennähen.
Für die SCHLEIFE an den langen Kanten des Streifens die Mitte markieren. Den Streifen längs rechts auf rechts zur Hälfte falten und entlang der langen Kante zusammennähen. Wenden und so bügeln, dass die Naht mittig liegt. An einem kurzen Ende die Nahtzugabe nach innen klappen und den Streifen zu einem Kreis schließen. Knapp zusammennähen. Den Kreis so falten, dass die Längsnaht innen liegt und die Mitte auf die Quernaht trifft. Für den Schleifenknoten die Längskanten 1 cm nach links bügeln, mittig um die Schleife legen und hinten von Hand zusammennähen. Auf Höhe der Ohren von Hand annähen.

NIEDLICHE WANDBILDER

GRÖSSE 31 cm Durchmesser

MATERIAL

- 0,40 m Stoff in Rosa
- 0,40 m Stoff in Blau-Weiß gepunktet
- 0,10 m Stoff in Pink
- 0,30 m Vliesofix
- 0,10 m Volumenvlies H 630
- 0,80 m festes Stickvlies zum Aufbügeln
- Maschinenstickgarn (Rayon 40) in Schwarz
- Wollrest in Weiß
- 1 Pompon-Schablone (4,5 cm)
- 1 Aqua-Trickmarker
- 2 Stickrahmen (31 cm)
- Heißkleber

ZUSCHNITT

Vorlagen 6a–c auf Bogen A, schwarze Linien

Wenn nicht anders angegeben, ist die Nahtzugabe (1 cm) in den Schnittmaßen enthalten. Die Vorlagen enthalten keine Nahtzugaben.

Stoff in Rosa

- 1-mal 40 x 40 cm (Hintergrund 1)
- 1-mal Vorlage 6a (Hase 2) im Stoffbruch
- 4-mal Vorlage 6c Ohr (2 Vorder- und 2 Rückseiten)

Stoff in Blau-Weiß gepunktet

- 1-mal 40 x 40 cm (Hintergrund 2)
- 1-mal Vorlage 6b (Hase 1) im Stoffbruch

Stickvlies

- 2-mal 40 x 40 cm (Einlage Hintergrund 1 und 2)

Volumenvlies H630

- 2-mal Vorlage 6c Ohr ohne Nahtzugabe

VORBEREITEN Die Einlage auf die entsprechenden Stoffzuschnitte bügeln. Die Applikationen vorbereiten (s. Nähtipps).

NÄHEN Die Innenohren auf die Ohr-Vorderseiten bügeln und applizieren. Je eine Ohrvorder- mit einer Ohrrückseite verstürzen, dabei die gerade Kante zum Wenden offen lassen (s. Nähtipps).

APPLIZIEREN UND STICKEN Zur Positionierung den Stickrahmen mittig auf den Hintergrund legen und die Applikationen innerhalb arrangieren. Die Ohren von Hase 2 an den Markierungen hinter den Kopf schieben. Alle Teile rundherum Freihand applizieren. Die Details mit Trickmarker übertragen und Freihand sticken (s Nähtipps). Einen Pompon mit 4,5 cm Durchmesser anfertigen und von Hand aufnähen. Den Hintergrund in den Stickring spannen. Auf der Rückseite den überstehenden Stoff bis auf 2 cm zurückschneiden und mit Heißkleber am Rahmen festkleben.

DIE ELEFANTEN SIND LOS!

FRÖHLICHES MOBILE

GRÖSSE 25 cm Durchmesser

MATERIAL

- 0,15 m Stoff in Braun mit Elefanten
- 0,20 m Stoff in Rot mit Blümchen
- 0,20 m Stoff in Pink mit Punkten
- 0,20 m Stoff in Hellgrün mit Punkten
- Filzreste in Schwarz und Weiß
- Rest Vliesofix
- farblich passendes Nähgarn
- 1 Rolle Karoband in Gelb-Weiß (0,5 cm)
- 0,80 m Gartenschlauch
- Füllwatte

ZUSCHNITT

Vorlagen 7a–b auf Bogen A, schwarze Linien

Wenn nicht anders angegeben, ist die Nahtzugabe (0,75 cm) in den Schnittmaßen enthalten. Die Vorlagen enthalten keine Nahtzugaben.

Stoff in Braun mit Elefanten

- 2-mal Vorlage 7a Elefant gegengleich

Stoff in Rot mit Blümchen

- 2-mal Vorlage 7a Elefant gegengleich
- 4-mal Vorlage 7a Ohr 2 x gegengleich
- 2-mal Vorlage 7b Stern gegengleich
- 1-mal 8 x 82 cm (Schlauchmantel)

Stoff in Pink mit Punkten

- 2-mal Vorlage 7b Stern gegengleich
- 2-mal 4 x 9 cm (Schwanz)

Stoff in Hellgrün mit Punkten

- 2-mal Vorlage 7b Stern
- 4-mal Vorlage 7a Ohr 2 x gegengleich

VORBEREITEN Vorlagen für den Kreis 6-mal und die Augenteile je 4-mal auf Vliesofix übertragen, grob ausschneiden. Auf die Rückseite der Stoffe bügeln, exakt ausschneiden und das Trägerpapier entfernen.

NÄHEN Die OHREN des Elefanten verstürzen. Dazu je 2 Zuschnitte rechts auf rechts aufeinanderlegen und rundherum zusammennähen. Dabei das weniger gerundete Stück der Naht zum Wenden geöffnet lassen. Für die SCHWÄNZE die Zuschnitte längs zur Hälfte bügeln. Aufklappen, die langen Kanten zur Mitte falten und wieder zuklappen. Knapp zusammennähen. Die Zuschnitte für den ELEFANTEN verstürzen, dabei die Ohren und den Schwanz mitfassen. Wenden, mit Füllwatte ausstopfen und die Wendeöffnung schließen. Die Kreise mittig auf die STERNE bügeln und rundherum mit dichtem Zickzackstich applizieren. Die Sterne verstürzen und ausstopfen. Unterschiedlich lange Stücke des Karobandes an die Elefanten und Sterne nähen.

Für den SCHLAUCHMANTEL den Zuschnitt längs rechts auf rechts zur Hälfte falten und entlang der langen Kante zusammennähen. Wenden und über den Schlauch ziehen. Den Gartenschlauch zum Kreis biegen. Ein zusammengerolltes Stück Papier hineinstecken und die Enden zusammenschieben. Mit Tesafilm zusätzlich fixieren.

An einem Schlauchmantelende die Nahtzugabe nach innen umklappen. Diese über das andere Ende schieben und von Hand festnähen. Drei 40 cm lange Bänder als Aufhängung an den Kreis binden. Die Elefanten und Sterne anknoten.

BEQUEMES KLEIDCHEN

GRÖSSE 86

MATERIAL

- 0,50 m Stoff in Braun mit Elefanten
- 0,30 m Feincord in Blau
- Rest Stoff in Rot mit Blümchen
- Rest Stoff in Hellgrün mit Punkten
- 0,10 m Vliesofix
- farblich passendes Nähgarn
- Maschinenstickgarn in Rot und Hellgrün
- 2 Knöpfe in Elefantenform

ZUSCHNITT

Schnittteile 8a–b auf Bogen B, schwarze Linien

Wenn nicht anders angegeben, ist die Nahtzugabe (1 cm) in den Schnittmaßen enthalten. Die Schnittmuster und Vorlagen enthalten keine Nahtzugabe.

Stoff in Braun mit Elefanten

- 1-mal Schnittteil 8a Vorderteil im Bruch
- 1-mal Schnittteil 8b Rückenteil im Bruch

Feincord in Blau

- 2-mal Schnittteil 8a Saumblende im Bruch
- 1-mal Schnittteil 8a Beleg Vorderteil im Bruch
- 1-mal Schnittteil 8b Beleg Rückenteil im Bruch
- 4 Schrägstreifen 4 cm breit (Einfassung)

VORBEREITEN Die Vorlage für Elefant und Ohr auf Vliesofix übertragen und grob ausschneiden. Auf die Rückseite des entsprechenden Stoffes bügeln und exakt ausschneiden. Trägerpapier entfernen. Die Zuschnitte bis auf Hals- und Armausschnitt versäubern. Die Einfassstreifen an den kurzen Seiten zu einem langen Streifen aneinandernähen.

NÄHEN Elefant und Ohr auf der vorderen Saumblende positionieren und mit dichtem Zickzackstich applizieren. Die VORDER- UND RÜCKENTEILE von Kleid, Beleg und Saumblende jeweils rechts auf rechts aufeinanderlegen und an den Seiten zusammennähen.

Die SAUMBLENDE mit der Oberkante rechts auf rechts auf die untere Kleidkante stecken und rundherum festnähen. Die untere Blendenkante 1 cm nach links bügeln und festnähen.

Den BELEG links auf links in das Kleid stecken und die Kanten zusammen einfassen. Dazu eine kurze Seite 1 cm nach links umbügeln. Mit dieser beginnend den Streifen rechts auf rechts entlang der oberen Kante auf das Kleid stecken. Das Ende überlappt den Anfang um 2 cm. Rundherum festnähen. Um die Kante herum nach links legen und die Nahtzugabe einklappen. Knapp festnähen. An den hinteren Trägern je ein Knopfloch arbeiten. An den vorderen Trägern die Knöpfe annähen.

LÄSSIGE JUNGENWESTE

GRÖSSE 86

MATERIAL
- 0,45 m Sweatshirtstoff in Rot
- 0,20 m Stoff in Braun mit Elefanten
- 0,15 m Jersey in Rot-Rosa gestreift
- 0,25 m Feincord in Blau
- farblich passendes Nähgarn
- 1 teilbarer Reißverschluss in Orange (35 cm)

ZUSCHNITT

Schnittteile 9a–d auf Bogen B, schwarze Linien

Wenn nicht anders angegeben, ist die Nahtzugabe (1 cm) in den Schnittmaßen enthalten. Die Schnittmuster enthalten keine Nahtzugaben.

Sweatshirtstoff in Rot
- 2-mal Schnittteil 9a Vorderteil
- 1-mal Schnittteil 9b Rückenteil im Bruch
- 1-mal Schnittteil 9c Passe im Bruch

Stoff in Braun mit Elefanten
- 2-mal Schnittteil 9d Halbkreis

Jersey in Rot-Rosa gestreift
- 1-mal 5 x 28 cm Halsbündchen
- 1-mal 5 x 72 cm Saumbündchen
- 2-mal 5 x 34 cm Armbündchen

Feincord in Blau
- 2 Schrägstreifen 4 cm breit (Blenden)
- 2 Schrägstreifen 3 cm breit (Kreisränder)
- 2-mal 4 x 10 cm (Schlaufen)

NÄHEN Für die SCHLAUFEN die Zuschnitte links auf links zur Hälfte bügeln. Aufklappen, die langen Kanten zur Mitte falten und wieder zuklappen. Bügeln und knapp festnähen.
Für die BLENDEN und KREISRÄNDER die Schrägstreifen links auf links zur Hälfte bügeln. Die Halbkreise auf die Vorderteile stecken. Die Ränder mit der offenen Kante nach innen über die Kanten legen und innen und außen knapp festnähen. Die Blenden mit der offenen Seite Kante auf Kante oben auf die Vorderteile legen und knapp und innerhalb der Nahtzugabe festnähen.

Die PASSE an Rücken- und Vorderteile nähen, dabei hinten mittig eine Schlaufe mitfassen.

Die ÄRMELBÜNDCHEN links auf links zur Hälfte falten. Mit der offenen Kante nach außen rechts auf rechts auf die Armausschnittkanten nähen. Nahtzugabe nach innen klappen und knapp festnähen.

HALS- UND SAUMBÜNDCHEN rechts auf rechts zur Hälfte falten und entlang der kurzen Kanten zusammennähen. Wenden. Das Halsbündchen an den Halsauschnitt nähen, dabei vor der Nahtzugabe der vorderen Kante enden.

Den REISSVERSCHLUSS geschlossen, mit den Zähnchen nach unten auf eine vordere Kante legen. Der Zipper liegt unterhalb des Halsbündchens. Das Reißverschlussband neben den Zähnchen auf der Nahtzugabe festnähen. Ebenso an die andere Vorderseite nähen. Beide Seiten von rechts knapp absteppen.

Die SEITENNÄHTE schließen und das Saumbündchen annähen. Die Nahtzugabe nach oben klappen und knapp feststeppen. Die 2. Schlaufe durch den Zipper fädeln und zusammennähen.

COOLE HOSE

GRÖSSE 86/92

MATERIAL

- 0,60 m Stoff in Braun mit Elefanten
- 0,20 m Jersey in Rot-Rosa gestreift
- 0,15 m Feincord in Orange
- Rest Stoff in Rosa mit Punkten
- Nähgarn in Grün
- 0,80 m Baumwollkordel

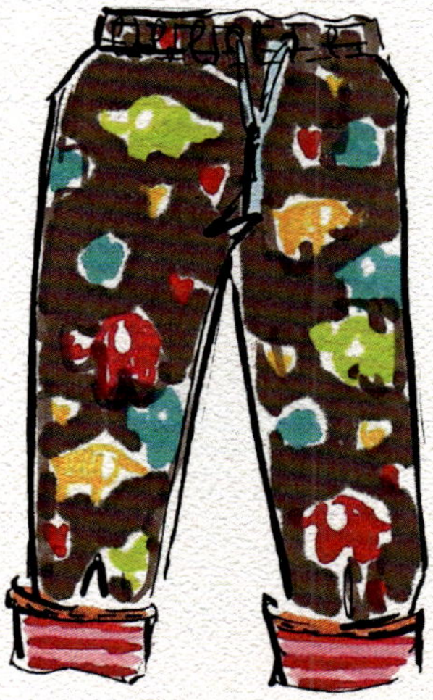

ZUSCHNITT

Schnittteile 10a–c auf Bogen B, rote Linien

Wenn nicht anders angegeben, ist die Nahtzugabe (1 cm) in den Schnittmaßen enthalten. Die Schnittmuster enthalten keine Nahtzugaben.

Stoff in Braun mit Elefanten

- 2-mal Schnittteil 10a Vorderhose gegengleich
- 2-mal Schnittteil 10b Hinterhose gegengleich

Jersey in Rot-Rosa gestreift

- 2-mal 18 x 26,5 cm (Saumbündchen)

Feincord in Orange

- 2-mal Schnittteil 10c Tasche

Rest Stoff in Rosa mit Punkten

- 1-mal 4 x 8 cm (Schlaufe)

NÄHEN Die Stoff-Zuschnitte rundherum versäubern. Die TASCHEN rundherum 1 cm nach links bügeln. An der oberen Kante noch einmal 2 cm nach links bügeln und knapp festnähen. Die Taschen wie im Schnitt auf der Hinterhose platzieren und aufnähen.

Die HOSENBEINE zusammennähen. Dafür je ein vorderes und ein hinteres Hosenbein rechts auf rechts aufeinanderlegen und an beiden langen Kanten (Seitennaht und Beininnennaht) zusammennähen. Ein Hosenbein wenden. Die Hosenbeine rechts auf rechts ineinanderstecken und die Schrittnaht schließen.
Für den TAILLENBUND an den markierten Stellen Knopflöcher für die Baumwollkordel arbeiten. Den angeschnittenen Beleg nach innen bügeln, die Nahtzugabe einklappen und knapp festnähen. Die Kordel einziehen.
Für ein HOSENBEIN-BÜNDCHEN den Zuschnitt rechts auf rechts zur Hälfte falten und entlang der kurzen Kante zusammennähen. Die Schlauchenden links auf links ineinanderstecken (das Bündchen liegt so, wie es fertig aussehen muss) und zusammenheften. Das Bündchen unten an ein Hosenbein nähen, dabei gegebenenfalls dehnen. Das andere Bündchen genauso arbeiten.

LUSTIGER ELEFANT

GRÖSSE 30 cm

MATERIAL

- 0,40 m Stoff in Braun mit Elefanten
- 0,25 m Stoff in Hellgrün mit Punkten
- 0,25 m Stoff in Rot mit Blümchen
- Rest Stoff in Rosa mit Punkten
- Filzrest in Schwarz und Weiß
- 0,25 m Volumenvlies 280
- Rest Vliesofix
- farblich passendes Nähgarn
- Maschinenstickgarn in Weiß und Schwarz
- Füllwatte

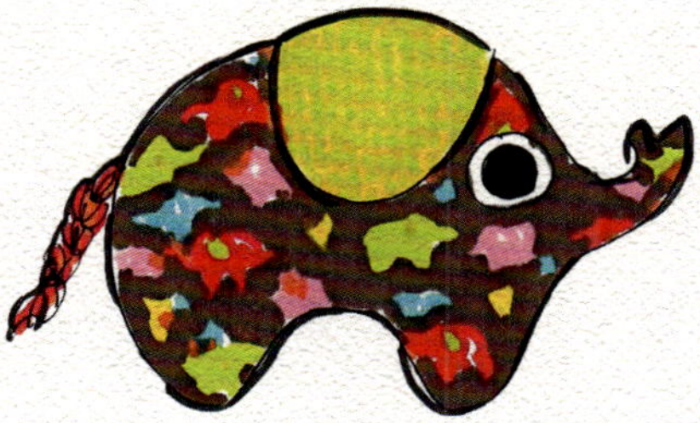

ZUSCHNITT

Vorlage 11 auf Bogen A, schwarze Linien

Wenn nicht anders angegeben, ist die Nahtzugabe (1 cm) in den Schnittmaßen enthalten. Die Vorlagen enthalten keine Nahtzugaben.

Stoff in Braun mit Elefanten
- 2-mal Vorlage 11 Elefant

Stoff in Hellgrün mit Punkten
- 2-mal Vorlage 11 Ohr gegengleich (außen)

Stoff in Rot mit Blümchen
- 2-mal Vorlage 11 Ohr gegengleich (innen)
- 2-mal 4 x 20 cm (Schwanz)

Stoff in Rosa mit Punkten
- 1-mal 4 x 20 cm (Schwanz)

Volumenvlies 280
- 2-mal Vorlage 11 Ohr gegengleich (Einlage)

VORBEREITEN Die Teile für die Augen je 2-mal auf Vliesofix übertragen und grob ausschneiden. Auf die Rückseite des entsprechenden Filzes bügeln und exakt ausschneiden. Trägerpapier entfernen.

NÄHEN Die **AUGEN** auf die Elefantenzuschnitte bügeln und mit dichtem Zickzackstich applizieren. **SCHWANZ**-Zuschnitte jeweils links auf links zur Hälfte falten und bügeln. Aufklappen, lange Kanten zur Mitte falten und wieder zuklappen. Bügeln und knapp zusammennähen. An einer kurzen Seite alle 3 Bänder zusammenheften.

Die **OHREN** verstürzen. Dazu je 2 unterschiedliche Zuschnitte rechts auf rechts aufeinanderlegen, zusammen auf Volumenvlies stecken. Entlang der stärker gerundeten Kante zusammennähen. Wenden und links auf rechts auf die Elefantenzuschnitte nähen, dabei knapp innerhalb der Nahtzugabe nähen.

Den Elefanten verstürzen, die Schwanzbänder mitfassen und zwischen den Ohren die Wendeöffnung lassen. Nahtzugaben zurückschneiden und wenden. Ausstopfen, die Ohren nach oben klappen und die Wendeöffnung schließen. Die Schwanzbänder flechten.

EIN KROKODIL ZUM KUSCHELN!

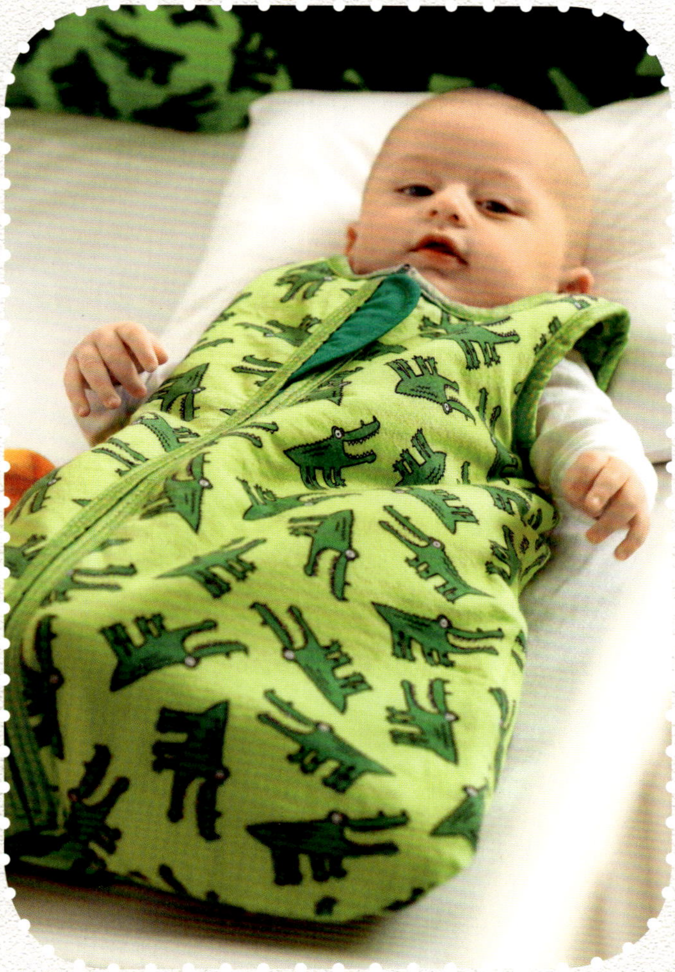

PAUL

SÜSSES MÜTZCHEN

GRÖSSE Kopfumfang 38 cm

MATERIAL

- 0,25 m Jersey in Hellgrün mit Krokodilen
- 0,25 m Stoff in Grün mit Punkten
- farblich passendes Nähgarn

Jersey in Hellgrün mit Krokodilen

- 2-mal Schnittteil 12a
  Mütze vorne im Bruch
- 2-mal Schnittteil 12b
  Mütze hinten im Bruch

Stoff in Grün mit Punkten

- 2 Schrägstreifen 4 cm breit

ZUSCHNITT

Schnittteile 12a–b auf Bogen B, schwarze Linien

Wenn nicht anders angegeben, ist die Nahtzugabe (1 cm) in den Schnittmaßen enthalten. Die Schnittmuster enthalten keine Nahtzugaben.

NÄHEN Für die EINFASSUNG die Schrägstreifen an den kurzen Seiten zusammennähen. Eine kurze Seite 1 cm nach links umbügeln. Längs links auf links falten und bügeln.

Die ABNÄHER an den vorderen und hinteren Mützenzuschnitten nähen. Dazu im Bruch rechts auf rechts falten und entlang der Abnäherlinie zusammennähen.

Anschließend die MÜTZENTEILE ZUSAMMENNÄHEN. Je einen vorderen und einen hinteren Mützenzuschnitt rechts auf rechts aufeinanderlegen und entlang der oberen geschwungenen Kante zuammennähen. Die Mützen links auf links ineinanderstecken und die unteren Kanten zusammen einfassen. Dazu den Einfassstreifen aufgeklappt rechts auf rechts auf die Kante legen. Dabei überlappt das offene Ende die eingebügelte kurze Seite um 2 cm. Rundherum zusammennähen und den Streifen nach unten bügeln. Um die Kante herumlegen und die offene Kante einklappen. Knapp festnähen.

BEQUEME SCHÜHCHEN

GRÖSSE 11 cm (für Kinder von 3 bis 6 Monaten)

MATERIAL
- 0,20 m Jersey in Hellgrün mit Krokodilen
- 0,20 m Frottee in Hellgrün
- 0,10 m Stoff in Grün mit Punkten
- Nähgarn in Grün
- 2 Knöpfe in Grün

ZUSCHNITT
Schnittteile 13a–b auf Bogen B, schwarze Linien

Wenn nicht anders angegeben, ist die Nahtzugabe (0,75 cm) in den Schnittmaßen enthalten. Die Schnittmuster enthalten keine Nahtzugaben.

Jersey in Hellgrün mit Krokodilen
- 2-mal Schnittteil 13a Oberschuh gegengleich
- 2-mal Schnittteil 13b Sohle gegengleich

Frottee in Hellgrün
- 2-mal Schnittteil 13a Oberschuh gegengleich
- 2-mal Schnittteil 13b Sohle gegengleich

Stoff in Grün gepunktet
- 2-mal 2 x 6,5 cm (Schlaufen)

NÄHEN Für die SCHLAUFEN die Zuschnitte längs links auf links zur Hälfte bügeln. Aufklappen, beide langen Kanten zur Mitte falten und bügeln. Wieder zuklappen und mittig durch alle 4 Lagen absteppen.

Für den OBERSCHUH je einen Zuschnitt aus Jersey und Frottee rechts auf rechts aufeinanderlegen. Die Schlaufe an der Markierung zwischen die Lagen schieben (die Enden liegen außen). Entlang der oberen (inneren) Kante zusammennähen, dabei die Schlaufe mitfassen. Die Nahtzugabe in den Rundungen und der Spitze einschneiden. Die hinteren, geraden Kanten rechts auf rechts aufeinanderlegen und zusammennähen. Wenden, sodass die Stoffe links auf links aufeinanderliegen und entlang der unteren Kante zusammenheften.

Für die SOHLE je einen Zuschnitt aus Jersey und Frottee links auf links aufeinanderlegen und zusammenheften. Die Sohle an den Oberschuh stecken, sodass die Außenseiten (Jersey) aufeinanderliegen. Gleiche Markierungen treffen aufeinander, dazu den Oberschuh zwischen den Markierungen x etwas einhalten. Die Naht trifft auf die hintere Markierung. Die Kanten rundherum zusammennähen und versäubern. Die Knöpfe annähen.

WARMER SCHLAFSACK

GRÖSSE 56

MATERIAL

- 0,70 m Jersey in Grün mit Krokodilen
- 0,70 m Stoff in Hellgrün mit großen Punkten
- 0,10 m Stoff in Grün
- 0,30 m Stoff in Hellgrün mit Punkten
- 0,70 m Volumenvlies 281 (150 cm breit)
- Nähgarn in Grün
- 1 Reißverschluss in Grün (50 cm)

ZUSCHNITT

Schnittteile 14a–c auf Bogen B, hellrote Linien

Wenn nicht anders angegeben, ist die Nahtzugabe (1 cm) in den Schnittmaßen enthalten. Die Schnittmuster enthalten keine Nahtzugaben.
An Hals- und Armausschnitt und an der vorderen Kante wird keine Nahtzugabe zugegeben.

Jersey in Grün mit Krokodilen

- 2-mal Schnittteil 14a Schlafsack Vorderteil (gegengleich)
- 1-mal Schnittteil 14b Schlafsack Rückenteil im Bruch

Stoff in Hellgrün mit großen Punkten

- 2-mal Schnittteil 14a Schlafsack Vorderteil (gegengleich) (Futter)
- 1-mal Schnittteil 14b Schlafsack Rückenteil im Bruch (Futter)

Stoff in Grün

- 2-mal Schnittteil 14c Reißverschlussabdeckung gegengleich

Stoff in Hellgrün mit Punkten

- 2-mal 53 x 4 cm (Einfassung vordere Kante)
- 4 Schrägstreifen 4 cm breit (Einfassung Arm- und Halsloch)

Volumenvlies 281

- 2-mal Schnittteil 14a Schlafsack Vorderteil (gegengleich) (Einlage)
- 1-mal Schnittteil 14b Schlafsack Rückenteil im Bruch (Einlage)

NÄHEN Für die **REISSVERSCHLUSSABDECKUNG** die Zuschnitte rechts auf rechts aufeinanderlegen und entlang der gerundeten Kante zusammennähen. Die Nahtzugabe zurückschneiden, dabei in der Rundung bis kurz vor der Naht kleine Keile aus der Nahtzugabe herausschneiden. Wenden und entlang der gerundeten Kante absteppen. Die gerade Kante zusammen versäubern. Die Reißverschlussabdeckung so auf den geschlossenen Reißverschluss legen, dass die breitere Seite oben liegt und den Zipper verdeckt. Auf dem Reißverschlussband festheften.

Für die **VORDERTEILE** je einen Zuschnitt aus Oberstoff und Futter links auf links aufeinanderlegen (das Volumenvlies liegt dazwischen) und rundherum zusammenheften. Die vorderen Kanten einfassen. Dazu jeweils den Zuschnitt für die Einfassung rechts auf rechts auf die vordere Kante legen und festnähen. Um die Kante herumklappen, Nahtzugabe einklappen und knapp annähen.

Den **REISSVERSCHLUSS** zwischen die Vorderteile nähen. Dazu die Vorderteile mit den vorderen Kanten so über den Reißverschluss legen, dass in der Mitte die Zähnchen aneinanderstoßen. Der Zipper liegt im geschlossenen Zustand 1 cm unterhalb der oberen Kante. Die Reißverschlusszähnchen und die rechte Stoffseite liegen oben. Neben den Zähnchen festnähen, dabei die Reißverschlussabdeckung mitfassen.

Das Vorderteil zwischen die Rückenteile legen, dabei liegen gleiche Stoffe rechts auf rechts aufeinander. Unten und an den Seiten zusammennähen. Wenden, sodass beide Rückenteile aufeinander und hinter dem Vorderteil liegen. Die 4 Schulternähte einzeln schließen. Dazu an jeder Seite gleiche Stoffe rechts auf rechts aufeinandernähen (das Futter wird mit dem Volumenvlies zusammengenäht). Arm- und Halsausschnitte aller Lagen bündig aufeinanderheften und zusammen einfassen.

SCHÖNE SCHNULLERKETTEN

GRÖSSE 35 cm

MATERIAL

- 0,10 m Stoff in Hellgrün mit großen Punkten
- 0,10 m Stoff in Grün
- 0,10 m Stoff in Hellgrün mit Punkten
- Filzrest in Grün
- Nähgarn in Grün
- 0,30 m Webband in Blau mit gelben Punkten (1 cm breit)
- 2 Knöpfe in Grün (1,2 cm)
- 1 Knopf in Dunkelgrün (1,5 cm)
- 2 Hosenträgerclips

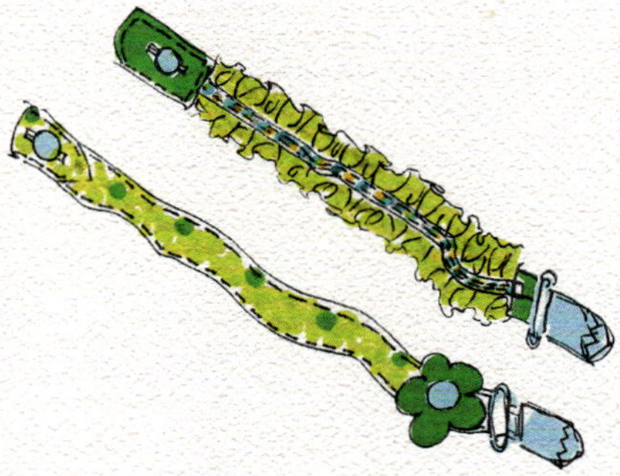

ZUSCHNITT

Vorlage 15 auf Bogen B, schwarze Linien

Wenn nicht anders angegeben, ist die Nahtzugabe (1 cm) in den Schnittmaßen enthalten. Die Vorlage der Blume benötigt keine Nahtzugaben.

Stoff in Hellgrün mit großen Punkten
- 1-mal 6,5 x 40 cm (Schnullerkette 1)

Stoff in Grün
- 2-mal 4,5 x 9,5 cm (Riegel)
- 1-mal 7 x 31,5 cm (Schnullerkette 2)

Stoff in Hellgrün mit Punkten
- 1-mal 4 x 42 cm (Volant)

Filzrest
- 1-mal Vorlage 15 Blume ohne Nahtzugabe

NÄHEN Die Längskanten der SCHNULLERKETTE 1 rechts auf rechts zur Hälfte falten. An einer kurzen Seite eine Spitze abnähen, an der langen Kante zusammennähen. Wenden, Nahtzugabe einklappen. In die Spitze ein KNOPFLOCH arbeiten. Die andere Seite durch den Hosenträgerclip fädeln und festnähen. Die Filzblume mit einem kleinen Knopf aufnähen.
Für die SCHNULLERKETTE 2 eine lange Kante 2 cm, die andere erst 1, dann 1,5 cm nach links bügeln. Knappkantig festnähen. Die langen Kanten des VOLANTS versäubern, 1 cm nach links bügeln und festnähen. Die kurzen Kanten versäubern. Der Länge nach mittig auf 27 cm einkräuseln (s. Nähtipps). An einer kurzen Seite bündig auf die Schnullerkette legen und mittig aufsteppen. Am Webband ein Ende einklappen. Mittig auf den Volant legen (offenes Ende an kurzer Kante) und an beiden Kanten knapp festnähen. Die Zuschnitte für den RIEGEL rechts auf rechts aufeinanderlegen. An den langen und einer kurzen Seite zusammennähen, dabei an der kurzen Seite eine Spitze abnähen. Wenden, Nahtzugabe einklappen, die Schnullerkette in den Riegel schieben und festnähen. Längs mittig ein KNOPFLOCH für den großen Knopf arbeiten. Den Knopf an die Spitze nähen.

PAUL

PRAKTISCHER SCHNULLERBEUTEL

GRÖSSE 14,5 x 21,5 cm

MATERIAL
- 0,20 m Stoff in Hellgrün mit großen Punkten
- 0,15 m Stoff in Grün
- Rest Stoff in Hellgrün mit Punkten
- Rest Vliesofix
- Nähgarn in Grün
- Maschinenstickgarn in Grün
- 0,60 m Webband in Blau mit gelben Punkten (1 cm breit)
- 1 Kordelstopper

ZUSCHNITT
Vorlage 16 auf Bogen B, schwarze Linien

Wenn nicht anders angegeben, ist die Nahtzugabe (1 cm) in den Schnittmaßen enthalten. Die Vorlage enthält keine Nahtzugaben.

Stoff in Hellgrün mit großen Punkten
- 2-mal 16 x 17 cm (Schnullerbeutel unten)

Stoff in Grün
- 1-mal 10 x 32 cm (Schnullerbeutel oben)

VORBEREITEN Die Buchstaben in gewünschter Schrift und Größe ausdrucken und als Vorlagen verwenden. Für die APPLIKATIONEN die Vorlagen (Schnuller und spiegelverkehrte Buchstaben) auf Vliesofix übertragen und grob ausschneiden. Auf die Rückseite der entsprechenden Stoffe bügeln und exakt ausschneiden. Trägerpapier entfernen.

NÄHEN Für den SCHNULLERBEUTEL den Schnuller auf die untere Vorderseite bügeln und mit dichtem Zickzackstich applizieren. Die Buchstaben auf die obere Vorderseite applizieren.
Alle Kanten versäubern. Die Zuschnitte für das UNTERTEIL rechts auf rechts legen und an einer langen Kante zusammennähen. Das OBERTEIL rechts auf rechts an die obere Kante legen und annähen. Den Beutel rechts auf rechts zur Hälfte falten. Die Unterkante und die Seite zusammennähen, dabei die oberen 5 cm offen lassen. Dort die Nahtzugabe nach links bügeln. Für den TUNNEL an der Oberkante 1 cm, dann 2 cm nach links bügeln und knapp festnähen. Die Oberkante ebenfalls knapp absteppen. Das restliche Webband einziehen, den Stopper auffädeln und die Enden verknoten.

KOMM, WIR SPIELEN IM WALD!

TIERISCH-WARME HERBSTJACKE

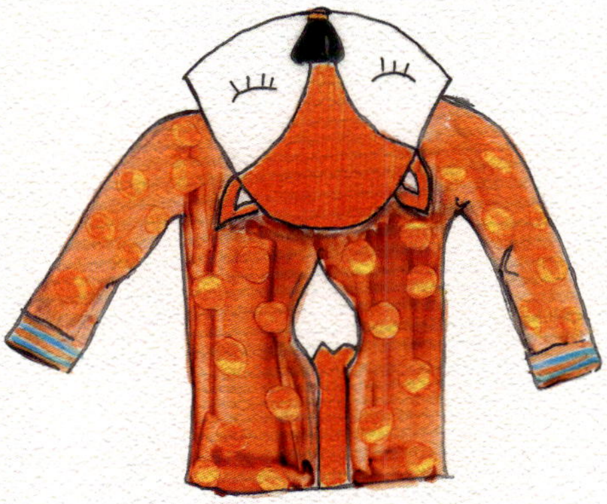

GRÖSSE 80/86/92

MATERIAL

- 0,75 m Wollstoff in Braun-Orange
- 0,75 m Jersey in Türkis-Braun gestreift
- 0,30 m Nickistoff in Weiß
- 0,20 m Fleece in Orange
- Jerseyrest in Schwarz
- 0,10 m Vliesofix
- 0,10 m Stickvlies
- Nähgarn (Allesnäher)
- 6 Druckknöpfe in Orange

ZUSCHNITT

Schnittteile 17a–g auf Bogen C, schwarze Linien

Wenn nicht anders angegeben, ist die Nahtzugabe (0,75 cm) in den Schnittmaßen enthalten. Die Schnittmuster und Vorlagen enthalten keine Nahtzugaben.
Die Kapuzenteile 1–3 entstehen durch Auseinanderschneiden der Kapuze an den gepunkteten Linien.

Wollstoff in Braun-Orange

- 2-mal Schnittteil 17a Vorderteil gegengleich, dabei den Taschenausschnitt ausschneiden
- 1-mal Schnittteil 17b Rückenteil im Bruch
- 2-mal Schnittteil 17d Ärmel gegengleich
- 2-mal Schnittteil 17c Kapuze Teil 3 gegengleich

Jersey in Türkis-Braun gestreift

- 2-mal Schnittteil 17a Vorderteil gegengleich (Futter), dabei den Taschenausschnitt nicht ausschneiden
- 1-mal Schnittteil 17b Rückenteil im Bruch (Futter)
- 2-mal Schnittteil 17d Ärmel gegengleich (Futter)
- 2-mal Schnittteil 17c Kapuze gegengleich (Futter)
- 2-mal 4 x 13,5/14,75/16 cm (Einfassung Taschenausschnittkante)

Nickistoff in Weiß

- 2-mal Schnittteil 17c Kapuze Teil 2 gegengleich

Fleece in Orange

- 2-mal Schnittteil 17c Kapuze Teil 1 gegengleich
- 4-mal Schnittteil 17g Ohr, davon 2-mal gegengleich
- 2-mal Schnittteil 17e Taschenbeutel gegengleich

VORBEREITEN Die Applikation für die Nase aus Jersey vorbereiten (siehe Nähtipps).

NÄHEN **SCHWANZ** und Schwanzspitze an der unteren Kante mittig auf das Rückenteil bügeln und rundherum mit dichtem Zickzackstich applizieren.

Für die **OHREN** die Innenohren auf zwei der Zuschnitte applizieren. Jeweils mit einem weiteren Ohrzuschnitt verstürzen, dabei die gerade Kante geöffnet lassen. Die Ohren mit der offenen Kante an den Markierungen auf Kapuzenteil 3 heften.

Die **AUGEN** auf den Kapuzenteilen 2 Freihand sticken (siehe Nähtipps).

KAPUZE nähen. Dafür zunächst jeweils die Kapuzenteile 1, 2 und 3 aneinandernähen, dabei die Ohren mitfassen. Die Kapuze entlang der langen gerundeten Kante zusammennähen. Die Nase an den Markierungen aufbügeln und Freihand applizieren. Die Futterkapuze nähen.

Für die **TASCHEN** die Einfassungen längs links auf links zur Hälfte falten und mit der offenen Kante an die Taschenausschnittkanten stecken, dabei den Streifen leicht dehnen. Die Nahtzugaben zusammen versäubern. Die Nahtzugaben ins Vorderteil klappen und knappkantig festnähen. Die Vorderteile an den Markierungen auf den Taschenbeutel stecken. Den Taschenbeutel entlang der Stepplinie mit Zickzackstich auf das Vorderteil nähen. An Saum und Seitennaht mit großem Stich innerhalb der Nahtzugaben annähen.

RÜCKEN- UND VORDERTEILE rechts auf rechts aufeinanderlegen und die Schulternähte schließen.

Die **ÄRMEL** an die Armausschnittkante nähen. Ärmel und Seitennaht zusammenschließen. Die Kapuze an den Halsausschnitt nähen.

Das **FUTTER** ebenso nähen. Jacke und Futter rechts auf rechts aufeinanderlegen und rundherum zusammennähen, dabei an der unteren Kante 15 cm zum Wenden geöffnet lassen. Zwischen Futter und Oberstoff greifen und die Ärmel herausziehen. Die Ärmelunterkanten jeweils rechts auf rechts zusammennähen. Die Ärmel zurückziehen und die Jacke wenden. Vordere und untere Kante mit Zickzackstich absteppen, dabei die Wendeöffnung schließen. Die Druckknöpfe im Abstand von 5 cm an der vorderen Kante anbringen.

KUSCHELIGE MÜTZE

GRÖSSE Kopfumfang 48 cm

MATERIAL
- 0,25 m Wollstoff in Braun mit Noppen
- 0,25 m Jersey in Braun-Türkis gestreift
- Nähgarn (Allesnäher)

Wollstoff in Braun mit Noppen
- 1-mal Schnittteil 18a Mütze im Bruch
- 4-mal Schnittteil 18b Ohr

Jersey in Braun-Türkis gestreift
- 1-mal Schnittteil 18a Mütze im Bruch (Futter)

ZUSCHNITT

Schnittteile 18a–b auf Bogen C, schwarze Linien

Wenn nicht anders angegeben, ist die Nahtzugabe (0,75 cm) in den Schnittmaßen enthalten. Die Schnittmuster enthalten keine Nahtzugaben.

NÄHEN Die OHREN verstürzen (siehe Nähtipps), dabei die gerade Kante zum Wenden geöffnet lassen.
Die MÜTZE rechts auf rechts zur Hälfte legen und die Abschnitte von a bis b und von x bis y zusammennähen. Die Mütze auseinanderziehen und so falten, dass die Nähte aufeinanderliegen. Die Ohren an den Markierungen zwischen die Stofflagen schieben, sodass die offenen Kanten nach außen zeigen. Entlang der Rundung zusammennähen, dabei die Ohren mitfassen. Das Futter (ohne Ohren) ebenso nähen, dabei ein Stück der Naht zum Wenden geöffnet lassen. Futter und Mütze rechts auf rechts ineinanderstecken und entlang der Unterkante zusammennähen. Wenden und die Wendeöffnung schließen. Das Futter in die Mütze stecken und entlang der Unterkante mit einem Zickzackstich absteppen.

SCHAL FÜR TIERFREUNDE

GRÖSSE 86 cm lang

MATERIAL

- 0,20 m Fleece in Orange
- 0,20 m Nickistoff in Weiß
- 0,20 m Stoff in Braun gemustert
- Stoffrest in Grün gepunktet
- Jerseyrest in Schwarz
- 0,20 m Volumenvlies H 640
- 0,10 m Vliesofix
- 0,10 m Stickvlies
- Nähgarn (Allesnäher)
- 0,20 m Klettband in Orange

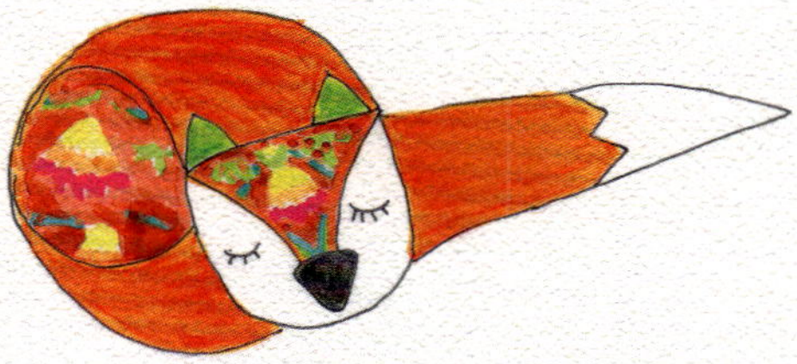

ZUSCHNITT

Schnittteile 19a–d auf Bogen C, graue Linien

Wenn nicht anders angegeben, ist die Nahtzugabe (0,75 cm) in den Schnittmaßen enthalten. Die Schnittmuster und Vorlagen enthalten keine Nahtzugaben.

Fleece in Orange
- 1-mal Schnittteil 19b Körper (Oberseite)

Nickistoff in Weiß
- 2-mal Schnittteil 19a Schwanzspitze gegengleich
- 1-mal Schnittteil 19c Kopf (Oberseite)

Stoff in Braun gemustert
- 1-mal Schnittteil 19b Körper (Unterseite)
- 2-mal Schnittteil 19d Ohr

Stoffrest in Grün gepunktet
- 2-mal Schnittteil 19d Ohr

Volumenvlies H 640
- 1-mal Schnittteil 19b Körper (inkl. Kopf) (Einlage Unterseite)

VORBEREITEN Die Vorlagen für Nase und Blesse auf Vliesofix übertragen. An der geraden Kante der Blesse Nahtzugabe anzeichnen und die Teile grob ausschneiden. Auf die Rückseite der Stoffe bügeln und exakt ausschneiden. Trägerpapier entfernen. Die Einlage auf die linke Seite der Unterseite bügeln.

NÄHEN Die Blesse und die Nase auf den KOPF bügeln. Die Blesse mit dichtem Zickzackstich in Orange applizieren. Die Nase Freihand applizieren (siehe Nähtipps). Die AUGEN ebenfalls Freihand sticken. Für die Ohren je 2 verschiedene Zuschnitte mit Volumenvlies verstürzen (siehe Nähtipps), dabei die gerade Kante zum Wenden geöffnet lassen. Die Ohren an den Markierungen auf den Kopf stecken. Den Kopf an den Fleece-KÖRPER nähen, dabei die Ohren mitfassen. Die Schwanzspitzen links auf rechts auf die Körperenden stecken und mit dichtem Zickzackstich applizieren, dabei Stickvlies unterlegen. Alles Stickvlies ausreißen.
Einen 18 cm langen Abschnitt der Flauschseite des Klettbands an der gepunkteten Markierung (Körper) auf die rechte Seite der Oberseite nähen. Einen 9 cm langen Abschnitt der Hakenseite des Klettbands an der gepunkteten Markierung (Kopf) auf die rechte Seite der Unterseite nähen. Ober- und Unterseite verstürzen.

ROBUSTE SPIELHOSE

GRÖSSE 80/86/92

MATERIAL

- 0,45 m Babycord in Braun
- 0,45 m Jersey in Braun-Türkis gestreift
- 0,20 m Stoff in Türkis gemustert
- Rest Vliesofix
- Rest Stickvlies
- Nähgarn (Allesnäher)
- 0,65 m Paspelband in Orange
- 1 Sternapplikation
- 0,54 m Gummiband (4 cm breit)

ZUSCHNITT

Schnittteile 20a–c auf Bogen C, rote Linien

Wenn nicht anders angegeben, ist die Nahtzugabe (0,75 cm) in den Schnittmaßen enthalten. Die Schnittmuster und Vorlagen enthalten keine Nahtzugaben.

Babycord in Braun

- 2-mal Schnittteil 20a Vorderteil gegengleich
- 2-mal Schnittteil 20b Hinterteil gegengleich

Stoff in Türkis gemustert

- 1-mal 17,5 x 66,5/68,5/70,5 cm (Bund)
- 4-mal Schnittteil 20c Tasche, davon 2-mal gegengleich

Jersey in Braun-Türkis gestreift

- 2-mal Schnittteil 20a Vorderteil gegengleich (Futter)
- 2-mal Schnittteil 20b Hinterteil gegengleich (Futter)
- 2-mal 12,5 x 23,5/24,5/25 cm (Beinbündchen)

VORBEREITEN Applikation für einen Kreis mit 9 cm Durchmesser vorbereiten (siehe Nähtipps).

NÄHEN Den KREIS und die STERNAPPLIKATION auf dem rechten vorderen Hosenbein arrangieren und nach Belieben mit dichtem Zickzackstich oder Freihand (siehe Nähtipps) applizieren. Jeweils 2 gegengleiche Taschenzuschnitte miteinander verstürzen, dabei das Paspelband mitfassen (siehe Nähtipps). Die TASCHE an den Markierungen auf die Vorderhosen-Zuschnitte stecken und entlang der langen gerundeten Kante festnähen. Die geraden Kanten heften.

Je eine VORDER- und HINTERHOSE rechts auf rechts aufeinanderlegen und die Seitennähte und die innere Beinnaht schließen. Die Futterhosenbeine ebenso nähen. Rechts auf rechts in die Hose stecken.

Die BEINBÜNDCHEN jeweils rechts auf rechts zur Hälfte falten und entlang der kurzen Kante zum Kreis schließen. Links auf links ineinanderkrempeln und an der unteren Beinkante zwischen Oberstoff und Futter schieben, sodass die offenen Kanten nach außen zeigen. Die Bündchen gedehnt anstecken und rundherum festnähen.

Die Hosenbeine wenden, sodass die Futterhose links auf links im Oberstoff steckt. Ein Bein wenden und in das andere stecken, sodass der Oberstoff rechts auf rechts liegt und die Schrittnaht bündig. Die Schrittnaht im Oberstoff schließen. Das Futter ebenfalls an der Schrittnaht rechts auf rechts aufeinandernähen.

Den BUND zur Hälfte falten und entlang der kurzen Kanten zum Ring schließen. Die Nahtzugabe einer langen Kante nach links umbügeln. Mit der offenen Kante rechts auf rechts an die obere Hosenkante stecken, dabei Futter und Oberstoff zusammen verarbeiten. Rundherum annähen und die Nahtzugabe nach oben bügeln. Den Bund längs links auf links zur Hälfte falten, sodass die Nahtzugaben verdeckt sind. Rundherum knapp festnähen, dabei ein Stück der Naht (hinten) zum Einziehen des Gummis geöffnet lassen. Das Gummiband einziehen, Hose anprobieren und Gummiweite festlegen. Die Gummibandenden flach 2 cm überlappend zusammennähen.

GEMÜTLICHES FUCHSKISSEN

GRÖSSE 50 cm

MATERIAL
- 0,40 m Fleece in Orange
- 0,15 m Nickistoff in Weiß
- 0,10 m Filz in Schwarz
- 0,40 m Fixier-Stickvlies
- 0,15 m Vliesofix
- 0,10 m Stickvlies
- Nähgarn (Allesnäher)
- Maschinenstickgarn in Braun
- Füllwatte

ZUSCHNITT

Vorlagen 21a–b auf Bogen D, rote Linien

Wenn nicht anders angegeben, ist die Nahtzugabe (0,75 cm) in den Schnittmaßen enthalten. Die Vorlagen enthalten keine Nahtzugaben.

Fleece in Orange
- 2-mal Vorlage 21a Körper gegengleich (Vorder- und Rückseite)
- 4-mal Vorlage 21b Ohren außen (Vorder- und Rückseiten)

VORBEREITEN Die Vorlagen für die Innenohren 2-mal und für Nase und Gesicht/Schwanzspitze 1-mal auf Vliesofix übertragen.
An den Kanten, die gleichzeitig Kanten des Körpers sind, 0,75 cm Nahtzugabe anzeichnen. Alle Teile grob ausschneiden. Auf die Rückseite der Stoffe bügeln und exakt ausschneiden. Trägerpapier entfernen. Die Vorlage mit allen Details auf Stickvlies übertragen und auf die linke Seite des Vorderteils bügeln.

NÄHEN Für den Fuchs Gesicht und Schwanzspitze auf das Vorderteil bügeln und mit dichtem Zickzackstich in Braun applizieren. Die gestrichelte Linie von links mit langem Geradstich steppen und von rechts mit dichtem Zickzackstich nähen. Die Nase aufbügeln und Freihand mit geradem Stich applizieren (siehe Nähtipps). Die restlichen Details von links drei- bis fünfmal mit geradem Stich nachnähen. Die inneren Ohren auf die Ohrvorderseiten bügeln und mit dichtem Zickzackstich applizieren, Stickvlies unterlegen. Die Ohrvorder- mit den Ohrrückseiten verstürzen, dabei die geraden Kanten zum Wenden geöffnet lassen (siehe Nähtipps). Vorder- und Rückseite verstürzen, dabei die Ohren an den markierten Stellen zwischen die Stofflagen schieben, sodass die offene Kante nach außen zeigt und die Ohrvorderseite auf der Vorderseite liegt. Wenden, mit Füllwatte ausstopfen und Wendeöffnung von Hand schließen.

ZUHAUSE IST'S AM SCHÖNSTEN

BEQUEMER SCHLAFSACK

GRÖSSE 62/68/74

Die Mengen-Angaben für Gr. 62, 68 und 74 stehen in Reihenfolge hintereinander. Steht nur eine Angabe, gilt diese für alle Größen.

MATERIAL

- Jersey bedruckt 140 cm breit, 0,90/1,00/1,05 m
- Jersey uni Grün für Innen, 140 cm breit, 0,90/1,00m/1,05 m
- Bündchenstoff gestreift, 0,20 m
- Watteline, 140 cm breit, 0,90/1,00/1,05 m
- Vlieseline, H 180, 0,50 m
- 1 Reißverschluss Plastik 50 cm lang
- Klettband 2 cm breit, 5 cm
- Nähgarn

SCHNITTVORBEREITUNG

Die Schnittteile 22a + 22b an den entsprechenden Zusammensetzlinien aneinanderkleben. Das Vorderteil aus dem Rückenteilschnitt herauskopieren.

ZUSCHNITT

Schnittteile 22a–c auf Bogen B, graue Linien

Wenn nicht anders angegeben, ist die Nahtzugabe (1 cm) in den Schnittmaßen enthalten. Die Schnittmuster enthalten keine Nahtzugaben.

Jersey bedruckt

- 1-mal Schnittteil 22a + b Rückenteil im Bruch
- 2-mal Schnittteil 22a Vorderteil gegengleich

Jersey grün

- 1-mal Schnittteil 22a + b Rückenteil im Bruch
- 2-mal Schnittteil 22a Vorderteil gegengleich

Watteline

- 1-mal Schnittteil 22a + b Rückenteil im Bruch
- 2-mal Schnittteil 22a Vorderteil gegengleich

Vlieseline

- 1-mal Schnittteil 22b oberer Bereich der Träger im Bruch

Bündchenstoff

- 2-mal Schnittteil 22c vorderer Strickbund

NÄHVORBEREITUNG Das Rückenteil im oberen Trägerbereich mit Vlieseline fixieren. Die zugeschnittenen Teile mit der Watteline belegen und an den Kanten festheften oder mit einem großen Nähmaschinenstich aufeinandersteppen.

NÄHEN Die VORDERTEILE von Oberstoff und Futter jeweils rechts auf rechts legen und die vordere Mittelnaht bis zur Reißverschlussmarkierung steppen. Nahtkanten auseinanderbügeln. Das Strickbündchen offenkantig rechts auf rechts jeweils an die oberen Kanten der Oberstoff- und der Futter-Vorderteile steppen. Dabei gedehnt halten. Die Umbruchkante des Bündchens vorsichtig einbügeln. Den REISSVERSCHLUSS öffnen und jeweils rechts auf rechts ab der oberen Umbruchkante auf den Oberstoff steppen. Am Ende des Reißverschlusses spitz auslaufen lassen. Naht am Reißverschluss flach bügeln.

Das RÜCKENTEIL rechts auf rechts auflegen, die Seitennähte und den runden Saum gleich mitsteppen. Die Naht ausbügeln. Seiten- und Saumnaht vom FUTTER steppen und die Naht ausbügeln. Das Futter rechts auf rechts auf den Oberstoff stecken. Die Armausschnitte, Träger und den rückwärtigen Halsausschnitt verstürzen. Alles nach rechts wenden und die Kanten flachbügeln. Innen die Bündchennaht aufeinandersteppen. Das Futter am Reißverschluss eingeschlagen und mit der Hand annähen.

Das Klettband zuschneiden und zeichengemäß an den Trägern und am Strickbund aufsteppen.

SITZRING FÜR DIE KLEINSTEN

GRÖSSE 86 cm Durchmesser, 15 cm hoch

MATERIAL

- 2,00 m Stoff in Grün mit Bäumen
- 0,25 m Fleece in Rosa
- 0,25 m Stoff in Rosa gepunktet
- 0,20 m Plüsch in Türkis
- je 0,10 m Stoff in Gelb, Orange
- Stoffreste in Grün, Türkis und Schwarz
- 2,00 m Vlieseline G 700
- 2,1 kg Füllwatte
- 0,10 m Gummiband
- Rest Klettband
- Rest Webband in Gelb
- Knisterfolie
- 1 Plastikring (12–15 cm)
- 1 Holzring (6 cm)

VORBEREITEN

Einen Bogen Papier (mind. 100 x 100 cm) glatt hinlegen. Mit einer Nadel in der Mitte ein Band befestigen und im Abstand von 45 cm einen Bleistift daran binden. Mit diesem Zirkel einen

Kreis mit 90 cm Durchmesser zeichnen. Um denselben Mittelpunkt einen weiteren Kreis im Abstand 22,5 cm zeichnen (45 cm Durchmesser).
Den Ring ausschneiden und als Vorlage für den Sitzring inkl. Nahtzugabe benutzen.
Die Vlieseline auf die linke Seite des Stoffs in Grün mit Bäumen bügeln.

ZUSCHNITT

Vorlagen 23a–c auf Bogen C, rote Linien

Wenn nicht anders angegeben, ist die Nahtzugabe (1 cm) in den Schnittmaßen enthalten. Die Vorlagen enthalten keine Nahtzugaben.

Stoff in Grün mit Bäumen

- 2-mal Vorlage Sitzring (Vorder- und Rückseite)

Fleece in Rosa

- 1-mal Vorlage 23a Knotentuch im Bruch

Stoff in Rosa gepunktet

- 1-mal Vorlage 23a Knotentuch im Bruch

Plüsch in Türkis

- 2-mal Vorlage 23b Wolke gegengleich

Stoff in Gelb

- 2-mal Vorlage 23c Sonne gegengleich

Stoff in Orange

- 1-mal 12 x 23 cm (Griff)

Stoff in Grün

- 1-mal 4 x 12 cm (Band Plastikring)

Stoff in Türkis

- 1-mal 4 x 12 cm (Band Wolke)
- 1-mal 4 x 20 cm (Band Holzring)

APPLIZIEREN UND STICKEN Die Augen als Applikation vorbereiten (s. Nähtipps) und auf die Vorderseite der Sonne applizieren. Den Mund Freihand sticken (s. Nähtipps).

NÄHEN Für **GRIFF UND BÄNDER** die Zuschnitte jeweils längs rechts auf rechts zur Hälfte falten (6 x 23 bzw. 2 x 12 cm), entlang der langen Kante zusammennähen. Am Band für Holz- und Plastikring zusätzlich eine kurze Seite zunähen. Die Bänder wenden. Das Band für den Plastikring mit der geschlossenen Seite um den Ring legen und zusammennähen. Auf das geschlossene Ende des Bands für den Holzring einen 1,5 cm langen Klettbandabschnitt nähen. Das Gegenstück etwa 8 cm vom Ende entfernt aufnähen.

Den **GRIFF** mit Füllwatte stopfen, die Nahtzugaben der offenen Kanten einklappen und knappkantig zunähen. Einen 8 cm langen Abschnitt des Gummibands in das Band für die Wolke fädeln und an einem Ende bündig festnähen. Das Band über dem Gummi raffen und das Gummiband am anderen Ende festnähen.

Für die **WOLKE** die Zuschnitte verstürzen (s. Nähtipps), dabei das Band zwischen den Lagen mitfassen und die Wolke mit Füllwatte stopfen. Die **SONNE** ebenso arbeiten. Beim **KNOTENTUCH** Knisterfolie einarbeiten, dazu anstatt des Volumenvlieses beim Verstürzen Knisterfolie unterlegen.

Die einzelnen Teile an beliebiger Stelle auf einen Sitzring-Zuschnitt (Oberseite) nähen, dabei die offenen Enden jeweils einklappen.

VORDER- UND RÜCKSEITE des Sitzrings rechts auf rechts aufeinanderlegen und entlang der inneren und äußeren Kante rundherum zusammennähen, dabei keine Wendeöffnung lassen. Den Ring an einer Stelle quer aufschneiden und ineinander krempeln, sodass die kurzen Kanten bündig rechts auf rechts ineinanderliegen. Rundherum zusammennähen, dabei ein Stück der Naht zum Wenden offen lassen. Den Ring wenden, mit Füllwatte stopfen und die Wendeöffnung von Hand schließen.

GERÄUMIGE TASCHE

GRÖSSE 28 x 34 cm, 10 cm tief

MATERIAL

- 0,40 m Stoff in Mint
- 0,40 m Stoff in Türkis gepunktet
- 0,40 m Cord in Pink
- 0,10 m Plüsch in Türkis
- 0,40 m Decovil light
- 0,40 m Vlieseline H 200
- Nähgarn (Allesnäher)
- 2,10 m Gurtband in Pink
- 0,20 m Gummiband mit Rüschen in Pink-Weiß kariert
- 0,75 m Ripsband in Rosa mit Herzen
- 0,20 m Band in Rosa
- 2 Knöpfe in Rosa (3,5 cm)
- 1 Knopf in Rosa (3 cm)
- 1 Reißverschluss in Pink, 40 cm lang
- 2 Reißverschlüsse in Pink, 30 cm lang

ZUSCHNITT

Schnittteile 24a–b und Schemazeichnung 24c auf Bogen C, schwarze Linien

Wenn nicht anders angegeben, ist die Nahtzugabe (1 cm) in den Schnittmaßen enthalten. Die Vorlagen enthalten keine Nahtzugaben.

Stoff in Mint
- 2-mal 22 x 36 cm (Tasche unten)
- 2-mal 12 x 24 cm (Seitenteil unten)
- 1-mal 12 x 30 cm (Boden)
- 1-mal 12 x 18 cm (Seitentasche außen)

Stoff in Türkis gepunktet
- 2-mal 10 x 36 cm (Tasche oben)
- 4-mal 6,5 x 44 cm (2-mal Reißverschluss-Seitenteil und 2-mal Futter)
- 2-mal 12 x 6 cm (Seitenteil oben)
- 1-mal 12 x 18 cm (Futter Seitentasche außen)
- 2-mal 30 x 36 cm (Futter Tasche)
- 2-mal 12 x 28 cm (Futter Seitenteil)
- 1-mal 12 x 30 cm (Futter Boden)
- 1-mal 22 x 36 cm (Innentasche)
- 1-mal 16 x 12 cm (Seitentasche innen)
- 1-mal 6 x 23,5 cm (Band)

Cord in Pink
- 1-mal 22 x 36 cm (Futter Innentasche)
- 1-mal 16 x 12 cm (Futter Seitentasche innen)
- 1-mal 6 x 23,5 cm (Futter Band)
- 4-mal 19 x 33,5 cm (Taschenbeutel)

Plüsch in Türkis
- 1-mal 6,5 x 36 cm (Zierstreifen)
- 2-mal Vorlage 24b Blume gegengleich

Decovil light
- 2-mal 22 x 36 cm (Einlage untere Tasche)
- 2-mal 12 x 24 cm (Einlage untere Seitenteile)
- 1-mal 12 x 30 cm (Einlage Boden)
- 2-mal 10 x 36 cm (Einlage obere Tasche)
- 2-mal 6,5 x 44 cm (Einlage Reißverschluss-Seitenteile und Futter)
- 2-mal 12 x 6 cm (Einlage obere Seitenteile)

Vlieseline H 200
- 2-mal 30 x 36 cm (Einlage Futter Tasche)
- 2-mal 12 x 28 cm (Einlage Futter Seitenteil)
- 1-mal 12 x 30 cm (Einlage Futter Boden)
- 2-mal 6,5 x 44 cm (Einlage Futter Reißverschluss-Seitenteile und Futter)

Gurtband in Pink
- 2-mal 46 cm (Griffe)
- 1-mal 105 cm (Schulterriemen)

VORBEREITEN Die Einlage auf die linke Seite der entsprechenden Stoffzuschnitte bügeln.
Die Position der Tasche mit Reißverschluss jeweils auf der linken Seite eines Tasche-unten-Zuschnitts (A = 4,5 cm), eines Futter-Tasche-Zuschnitts (A = 7 cm) und auf zwei der Taschenbeutel-Zuschnitte (A = 2 cm) markieren (s. Vorlage 24c, Schemazeichnung 1). Die Markierungen auch auf die rechte Stoffseite übertragen.

NÄHEN Die **TASCHEN MIT REISSVERSCHLUSS** nähen (s. Nähtipps). Am **ZIERSTREIFEN** die langen Kanten 1 cm nach links umbügeln und den Streifen 2 cm unterhalb der Tasche mit Reißverschluss auf die untere Tasche stecken und knappkantig aufnähen.
Die **GRIFFE** jeweils an die obere Kante der unteren Taschen heften (s. Vorlage 24c, Schemazeichnung 2). Für die **TASCHENVORDER- UND RÜCKSEITE** die oberen Taschenzuschnitte an die unteren nähen. Die Nahtzugaben nach unten bügeln und von rechts knappkantig feststeppen.
Die **SEITENTASCHE AUSSEN** mit dem Futterzuschnitt rechts auf rechts legen und entlang der kurzen Kanten zusammennähen. Die Tasche wenden und die obere kurze Kante knappkantig absteppen. Mittig 2,5 cm unterhalb der oberen Kante einen großen Knopf aufnähen. Die Seitentasche 4,5 cm von unten auf ein unteres Seitenteil legen und entlang der unteren Kante knappkantig feststeppen. Die Seiten auf der Nahtzugabe festheften. Das rosa Band zur Schlaufe falten, um den Knopf legen und die Enden mittig an der oberen Kante des Seitenteils festheften. Die **INNERE SEITENTASCHE** ebenso nähen (ohne Knopf) und 5 cm von unten auf einem Futter-Seitenteil annähen.
Einen 18 cm langen Abschnitt des Gummibands gedehnt auf die untere lange Kante des **BAND**-Zuschnitts nähen. Den Futterzuschnitt rechts auf rechts darauflegen und entlang der langen Kanten zusammennähen, dabei das Gummi dehnen. Das Band wenden und die obere Kante knappkantig absteppen. Ein Bandende 13 cm von unten auf eine lange Kante des zweiten Seitenteils heften. Das andere Bandende an der gegenüberliegenden Kante festheften.
Die **INNENTASCHE** rechts auf rechts auf den Futterzuschnitt legen und entlang der oberen langen Kante zusammennähen. Links auf links klappen und die obere Kante knappkantig absteppen. Die Innentasche mit der Unterkante bündig auf den „leeren" Futter-Tasche-Zuschnitt stecken und auf der Nahtzugabe festheften. Einen 36 cm langen Abschnitt des Ripsbands 1 cm oberhalb der Innentasche aufstecken und in beliebigen Abständen feststeppen.
Den **REISSVERSCHLUSS** zwischen die Reißverschluss-Seitenteile (Oberstoff und Futter) nähen (s. Nähtipps), dabei an den Futterteilen jeweils am Anfang und Ende 2 cm der Naht offen lassen.
Für ein **SEITENTEIL** ein oberes Seitenteil rechts auf rechts auf ein unteres stecken. Das eine Ende des Schulterriemens mittig zwischen die Lagen schieben und zusammennähen. Die andere Seite ebenso nähen und die Seitenteile an den Boden nähen. Das Boden-Seitenteil rechts auf rechts an das Reißverschlussteil stecken und zum Ring schließen. Achtung: nur an die äußere Stofflage nähen, das Futter zur Seite klappen. Die Futter-Seitenteile an den Futterboden nähen. Das Futter-Boden-Seitenteil rechts auf rechts an das Futter-Reißverschlussteil nähen, dabei in der Mitte ca. 1 cm Abstand lassen.

Achtung: hier nur das Futter fassen. Die Taschenvorder- und Rückseite jeweils rechts auf rechts in den Ring aus Reißverschluss-Boden-Seitenteil (Außenseite!) einsetzen. Das Futter ebenso nähen, dabei ein Stück einer Naht zum Wenden offen lassen. Die Tasche wenden und das Futter in die Tasche stecken. Mittig neben dem Reißverschluss die Nahtzugaben von Tasche und Futter mit wenigen Stichen von Hand verbinden, um ein „Herunterfallen" des Futters zu vermeiden. Die Wendeöffnung schließen.
Für den AUFHÄNGER der Blume einen 25 cm langen Abschnitt des Ripsbands zur Hälfte falten und zeichengemäß mit der offenen Kante nach außen auf einen Blumenzuschnitt heften. Die Blumenzuschnitte verstürzen (s. Nähtipps), dabei das Band mitfassen. Die Blume mit etwas Füllwatte stopfen und den kleinen Knopf mittig auf die Blume nähen. Die Blume am Schieber des langen Reißverschlusses befestigen.
Das restliche Ripsband durch den Schieber des inneren Reißverschlusses fädeln und zur Schlaufe zusammennähen. Den 2. großen Knopf auf ein Ende eines Griffs nähen.

BUNTE FARBEN BRINGEN SPASS INS BAD!

BAD
FROS

LUSTIGER BADEPONCHO

GRÖSSE 86/92/98

Die Mengen-Angaben für Gr. 86, 92 und 98 stehen in Reihenfolge hintereinander. Steht nur eine Angabe, gilt diese für alle Größen.

MATERIAL

- Frottee 140 cm breit, 1,00/1,05/1,10 m
- Püncktchenstoff zum Einfassen und Applizieren, 140 cm breit, 1,15 m
- Jersey Rosa, 0,10 x 0,10 m
- Jersey Weiß, 0,10 x 0,10 m
- 2 Augenapplikation, groß
- Rest Volumenvlies H 640
- Vliesofix
- Stickvlies zum Ausreißen
- Nähgarn

SCHNITTVORBEREITUNG

Das Schnittteil 25a an der Schulterlinie spiegeln, sodass ein ganzes Schnittteil entsteht. Dabei den rückwärtigen Halsausschnitt beachten. Die Füßchenteile vom Schnitt abschneiden.

ZUSCHNITT

Schnittteile 25a–d + Applikationsvorlage Schrift auf Bogen D, graue Linien

Wenn nicht anders angegeben, ist die Nahtzugabe (1 cm) in den Schnittmaßen enthalten. Die Schnittmuster und Vorlagen enthalten keine Nahtzugaben. Schrägstreifen beinhalten bereits die Nahtzugabe!

Frottee

- 1-mal Schnittteil 25a Vorder- und Rückenteil
- 1-mal Schnittteil 25b vorderes Kapuzenteil
- 2-mal Schnittteil 25c Kapuze
- 4-mal Schnittteil 25d Füßchenteile

Pünktchenstoff

- 1-mal Schrägstreifen zum Einfassen: vordere Kante und Kapuze, 145/149/153 cm lang, 4 cm breit
- 1-mal Schrägstreifen zum Einfassen: innerer Halsausschnitt + Bindebänder, 64/64,5/66 cm lang, 4 cm breit
- 1-mal Schrägstreifen zum Einfasssen: Saumkanten, 300/314,5/329 cm lang, 4 cm breit

Volumenvlies H 640

- 2-mal Vorlage 25d Füßchenteile

NÄHEN Die Vorlage für die Augenapplikationen vorbereiten (s.Nähtipps). Die APPLIKATIONEN auf dem vorderen Kapuzenteil laut Schnittmuster aufbügeln. Auf die Rückseite des Teils in der Größe der Applikation das Stickvlies aufbügeln. Dann mit einem kleinen Steppstich die Augenapplikation knappkantig aufsteppen. Die fertigen Augen zeichengemäß aufsteppen. Mit dem Volumenvlies hinterlegen und festbügeln. Die restlichen Applikationen zeichengemäß fertigstellen. Das Stickvlies entfernen.

Die KAPUZENTEILE rechts auf rechts steppen, Nahtkanten zusammen versäubern und von rechts absteppen. Die Vorderteil-Applikationen vorbereiten. Achtung: Die Buchstaben seitenverkehrt auf das Vliesofix aufzeichnen!

Die Kapuze rechts auf rechts an das Kapuzenvorderteil steppen. Dabei die Augenumrandungen mit verstürzen. Die Nahtzugabe knapp abschneiden und gut ausbügeln. Die Kapuze rechts auf rechts in den Halsauschnitt steppen. Dabei die Schultermarkierung beachten.

Den SCHRÄGSTREIFEN für die vorderen Kanten vorbereiten: an einer Längskante 1 cm breit nach innen bügeln. Dazu einen Pappstreifen schneiden und beim Bügeln anlegen. Den Streifen rechts auf links mit der offenen Kante an die vorderen Kanten stecken und 1 cm breit steppen. Den Streifen nun nach außen umschlagen und die gebügelte Umbruchkante knappkantig aufsteppen. Den Streifen für den Halsausschnitt zur Hälfte legen und markieren. Das ist die rückwärtige Mitte. Auch hier wieder eine Längskante 1 cm nach innen bügeln. Den Streifen rechts auf rechts an den Halsausschnitt stecken, dabei an der rückwärtigen Mitte beginnen. An der vorderen Kante die Nahtzugabe der Ansatznaht bis kurz vor der Steppnaht einschneiden und den Streifen ansteppen.

Den Streifen wieder nach außen umschlagen und die Umbruchkante knappkantig aufsteppen. An den lose hängenden Bändern die noch offenen Längskanten einschlagen und das Band aufeinandersteppen. Am Ende die Nahtzugabe einschlagen. Den Streifen für die Saumkante zuerst zusammensetzen und weiterverarbeiten. An den Rundungen den Streifen etwas rundhalten.

Für die FUSSTEILE jeweils 2 Stück Stoffe mit Vlieseline fixieren, die Fußteile aufzeichnen und jeweils doppelt ausschneiden. Die Fußteile links auf links liegend knappkantig mit einem kleinen Zickzackstich aufeinandernähen. Die Füße zeichengemäß unter die Vorderteile steppen.

FLAUSCHIGER DUSCHVORLEGER

GRÖSSE 50 x 85 cm

MATERIAL

- 3,60 m Jersey in Blau
- 3,70 m Jersey in Hellblau
- 0,30 m Jersey in Schwarz
- 1,00 m Teppich-Twist (2,45 Stiche/cm, 94 cm breit)

ZUSCHNITT

Vorlage 26 auf Bogen C, hellrote Linien

Die Vorlage enthält keine Nahtzugaben.

Jersey in Blau, Hellblau und Schwarz

- Den gesamten Stoff in 3 cm breite Streifen schneiden

Teppich-Twist

- 1-mal Vorlage 26 Teppich

NÄHEN Den RAND des Teppich-Twists mit Jerseystreifen in Hellblau umwickeln. Dazu den Streifen am Rand des Gitters festknoten, durch ein Loch fädeln, um den Rand legen und durch das nächste Loch fädeln. So fortfahren, bis der gesamte Rand umwickelt ist. Die restlichen Streifen in 10 cm lange Abschnitte schneiden.
Das AUGE markieren und den MUND auf der gegenüberliegenden Seite anzeichnen.
An einer Stelle beginnen und einen JERSEYSTREIFEN von oben nach unten durch ein Loch fädeln (Loch 1). Durch das übernächste Loch (Loch 3) wieder nach oben fädeln und die Enden dicht über dem Gitter verknoten. Den nächsten Jerseystreifen (andere Farbe) von oben nach unten durch Loch 3 fädeln und durch Loch 5 zurück nach oben führen. Verknoten und die restliche Reihe auf dieselbe Weise knüpfen. Die folgenden Reihen ebenso arbeiten.
Für AUGE und MUND Streifen aus schwarzem Jersey, für den Rest abwechselnd hellblaue und blaue Streifen verwenden. Die restlichen Streifen um den Rand knoten, damit der Teppich voller wirkt.

BUNTER DUSCHVORHANG

GRÖSSE 180 x 200 cm

MATERIAL

- 4,00 m Stoff in Blau
- je 0,15 m Stoff in Gelb, Weiß, Dunkelblau, Orange gepunktet, Gelb gepunktet, Grün gepunktet und Türkis gepunktet
- je 0,20 m Stoff in Orange, Grün und Hellgrün
- 0,10 m Tischdeckenfolie durchsichtig
- 0,50 m Vliesofix (90 cm breit)
- 1,00 m Stickvlies zum Aufbügeln
- Maschinenstickgarn (Rayon 40)

- Nähgarn (Allesnäher)
- 2 Augenapplikationen (1,2 cm)
- 1 Augenapplikation (2,8 cm)
- Pailletten in Grün
- 1 Duschvorhang in Weiß (180 x 200 cm)
- 1 Aqua-Trickmarker
- 0,15 m Pappkarton

ZUSCHNITT

Vorlagen 27a–h auf Bogen D, schwarze und hellrote Linien

Wenn nicht anders angegeben, ist die Nahtzugabe (1 cm) in den Schnittmaßen enthalten. Die Vorlagen enthalten keine Nahtzugaben.

Stoff in Blau

- 2-mal 92 x 197 cm (Vorhang)

Tischdeckenfolie

- 3-mal Vorlage 27a, Fenster

VORBEREITEN Auf den Pappkarton Kreise mit 5, 7,5, 8,5 und 10,5 cm Durchmesser aufzeichnen, ausschneiden und als Applikationsvorlagen für die Luftblasen verwenden. Als Applikationen vorbereiten (s. Nähtipps).

NÄHEN Die Zuschnitte für den VORHANG rundherum versäubern, rechts auf rechts aufeinanderlegen und entlang einer langen Kante zusammennähen. Die Nahtzugaben auseinanderbügeln. Alle Außenkanten 1 cm nach links umbügeln. Die seitlichen langen Kanten und die untere Kante füßchenbreit feststeppen.

Die APPLIKATIONSTEILE auf der Vorderseite arrangieren, aufbügeln und applizieren. Die Details mit Trickmarker anzeichnen und Freihand sticken (s. Nähtipps). Die Fenster auf das U-Boot legen, jeweils einige Pailletten darunter schieben und die Fenster Freihand applizieren.

Die obere Kante des Vorhangs etwa 6 cm von oben (unterhalb der Ösen) auf den Duschvorhang stecken und festnähen.

LIEBLINGSNACHTHEMD

GRÖSSE 86/92/98

Die Mengen-Angaben für Gr. 86, 92 und 98 stehen in Reihenfolge hintereinander. Steht nur eine Angabe, gilt diese für alle Größen.

MATERIAL

- Jesey Sternendruck 140 cm breit, 0,55/0,60/0,60 m
- Strickschlauch Pink, 0,25 m
- Jersey Pink, 0,20 x 0,15 m
- Jersey Grün, 0,10 x 0,10 m
- 1 Augenapplikation klein
- Vliesofix
- Stickvlies zum Ausreißen
- Nähgarn

ZUSCHNITT

Schnittteile 28a–d auf Bogen D, rote Linien

Wenn nicht anders angegeben, ist die Nahtzugabe (1 cm) in den Schnittmaßen enthalten. Die Schnittmuster und Vorlagen enthalten keine Nahtzugaben.

Jersey Sternendruck

- 1-mal Schnittteil 28a Rückenteil im Bruch
- 1-mal Schnittteil 28b Vorderteil im Bruch
- 2-mal Schnittteil 28c Ärmel gegengleich

Strickschlauch

- 1-mal Halsbündchen, 39/39/39,5 cm lang, 4 cm breit
- 2-mal Ärmelbündchen, 16,5/17,5/18,5 cm lang, 5,5 cm breit

Die Bündchen beinhalten bereits die Nahtzugabe!

NÄHEN Die Vorlage für die APPLIKATIONEN vorbereiten (s. Nähtipps). Auf die Rückseite des Vorderteils in der Größe der Applikation das Stickvlies aufbügeln. Dann mit einem kleinen Steppstich die Applikation knappkantig auf die Stoffoberseite aufsteppen. Das Stickvlies entfernen. Die fertige Augenapplikation zeichengemäß aufsteppen.

RAGLANNÄHTE und SEITENNÄHTE rechts auf rechts steppen und versäubern. Nähte flach bügeln. Die BÜNDCHENSTREIFEN jeweils an den Schmalkanten rechts auf rechts steppen, Nahtkanten auseinanderbügeln und die Streifen längskantig zur Hälfte bügeln. Die fertigen Bündchen jeweils an die Ärmel und den Halsausschnitt steppen. Dabei immer leicht dehnen. Nahtkanten versäubern. Die Saumkante versäubern, nach innen bügeln und mit der Zwillingsnadel ansteppen.

IMPRESSUM

KONZEPT: Christa Rolf
ENTWÜRFE UND REALISATION: Nina Broja (Seiten 74–83),
Kasia Hanack (Seiten 14–18, 22–25, 58–71, 86–95),
Stefanie Geppert (Seiten 10–13, 19–21, 28–55)
REDAKTION: Christa Rolf
OBJEKTKOORDINATION: Anna Fischer
TEXT: Mia Führer, Eva Maria Schmitz, Texte Kinderkleidung
FACHKORREKTUR: Mia Führer, Yvonne Reuter, Heike Ziefuß
LEKTORAT: Katrin Korch
FOTOGRAFIE & PRODUKTION: Team Anne Schulz,
Lichtblick GmbH Jochen Frank
STYLING: Sieglinde Enz-Kussmaul
HAARE/MAKE-UP: Beate Hoffmann
ILLUSTRATIONEN: Nina Broja, Kasia Hanack, Stefanie Geppert
TECHNISCHE ZEICHNUNGEN: Mia Führer, Eva Maria Schmitz
GESAMTGESTALTUNG UND SATZ: GrafikwerkFreiburg
REPRODUKTION: RTK & SRS mediagroup GmbH
DRUCK UND VERARBEITUNG: Neografia, Slowakei

ISBN 978-3-8410-6408-0
Art.-Nr. 6408

BEZUGSQUELLEN

- Buttinette
  www.buttinette.com
- Freudenberg Vliesstoffe
  www.vlieseline.com
- Gütermann
  www.guetermann.de
- Prym Consumer
  www.prym-consumer.com
- Stoffe Hemmers
  www.stoffe-hemmers.de
- Union Knopf
  www.unionknopf.com